uma obsessão

ANTISSEMITISMO,

APRESENTAÇÃO

CONTRA O OVO DA SERPENTE

Eliane Pszczol e Heliete Vaitsman

Eliane Pszczol _ Socióloga, coordena a Judaica no MAR (Museu de Arte do Rio). Foi Coordenadora Nacional do PROLER e do Setor de Divulgação Internacional da Biblioteca Nacional; Diretora da Funarte; Assessora da Reitoria da UFRJ e Coordenadora do Fórum de Ciência e Cultura/UFRJ; Professora de Sociologia na PUC-Rio.

Heliete Vaitsman _ Jornalista, tradutora e escritora. É diretora do Museu Judaico do Rio de Janeiro, parecerista e editora freelancer. Foi redatora nas Editorias Caderno B, Internacional e Ciência/Medicina do *Jornal do Brasil* e colunista de Saúde de *O Globo*. Autora do romance histórico *O Cisne e o Aviador* (2015, ed. Rocco, finalista do Prêmio SP de Literatura).

"Ninguém nasce odiando outra pessoa pela cor de sua pele, por sua origem ou por sua religião. Para odiar, as pessoas precisam aprender; e, se podem aprender a odiar, podem ser ensinadas a amar." NELSON MANDELA

"A senhora pode me explicar quem são os judeus?" "Por que um amigo me disse que sou racista?" "Como alguém pode dizer que não gosto de judeus só por causa de uma piada?" Para perguntas e dúvidas, há respostas, debates, novas dúvidas. E há as palavras. O que dá liga ao judaísmo, com os judeus espalhados pelo mundo, falando línguas e vivendo culturas diversas, é, na visão do escritor Amos Oz, a força da palavra e a persistência, ao longo dos séculos, de uma narrativa comum. Tão plurais quanto as palavras são os judeus. Não existe uma identidade judaica única. Mas se a pluralidade faz parte de nosso vocabulário, também o fazem traços de união – entre estes, a percepção dos perigos do antissemitismo, um ódio insidioso que constitui ameaça à liberdade de todas as sociedades.

Quando este livro foi pensado, a pandemia da Covid-19 ainda não estava no ar. No entanto, mesmo sem as vozes e teorias conspiratórias que ressurgem a cada crise, seja ela econômica ou sanitária, já havia a percepção de que o antissemitismo vinha se acentuando no Brasil, a proliferação de grupos neonazistas sendo uma de suas faces mais visíveis. Esse é um fenômeno insólito, pois de acordo com o Censo do IBGE de 2010, existem no Brasil 107.500 judeus, apenas 0,05% em uma população de mais de 210 milhões que significa que a maioria dos brasileiros não conhece um judeu ou uma judia. Apesar disso, o senso comum repete estereótipos e perpetua preconceitos: a patologia social do antissemitismo cotidiano despreza fatos, proporção estatística e razão, principalmente quando se trata de algo mais difuso, de uma visão que prescinde de explicações e informações que façam sentido.

Cultivamos a imagem do Brasil como país harmonioso e pacífico (e o escritor Stefan Zweig, que aqui se refugiou do nazismo, foi um dos propagadores dessa ideia, nos anos anteriores à Segunda Guerra, tendo sofrido por isso severas críticas da intelectualidade de esquerda). O discurso oficial da igualdade abafou a hostilidade, latente ou manifesta, ao "diferente", ao Outro cujo rosto se prefere desconhecer. Porém a rejeição sempre encontrou caminhos para se expressar. No momento atual o racismo brasileiro mudou de patamar ao alinhar-se ideologicamente aos supremacistas brancos dos Estados Unidos e da Europa. Antes, a afirmação da superioridade apostava no branqueamento, uma condição essencial de ascensão social, como forma de "civilizar" o país, lembra o jurista Silvio Almeida. Imigrantes de pele clara eram, em geral, bem-vindos. O supremacismo, no entanto, mira no sangue puro, considerando que negros, judeus, árabes, chineses, entre outros, são potenciais contaminadores de um "nosso povo" mítico.

Se o antissemitismo é hoje socialmente interdito na maioria dos países, e apesar disso encontra eco e se expressa por meio de acusações, ameaças e revisionismo histórico, aqui a antipatia ou mesmo o ódio ao judeu têm se manifestado de modo ainda mais sutil, talvez por conta dessa exaltação oficial da harmonia. No entanto, basta revolver as camadas dessa representação externa para encontrarmos cenários bastante complexos.[1] O judeu "real" pode ser visto como igual, porém subsiste um judeu "imaginário" ao qual se atribuem qualidades e defeitos não verificáveis. Seja por conta de características físicas específicas ou direcionando-se a um coletivo diferenciado pela cor, cultura, etnia, gênero, religião ou orientação sexual, a cultura brasileira, que ainda nem rompeu sua matriz colonialista, enfrenta uma ameaça concreta de retrocesso. A naturalização da violência contra negros e índios, o ódio aos judeus, o desapreço aos muçulmanos ou os ataques aos LGBTQI+ não são fenômenos isolados, ainda que variem os graus de seu exercício cotidiano: são todos indicativos de exclusão, difamação e discriminação, manifestações distintas de uma mesma postura. Qualquer ameaça a um configura ameaça a todos. Ninguém tem segurança em meio à insegurança.

Um antigo costume resume a importância vital de perceber riscos e agir a tempo. Para não morrer de asfixia, os mineiros levavam um canário, em pequena gaiola, para os túneis das minas no fundo da terra. Se gases tóxicos matavam a ave, eles subiam imediatamente à superfície. O canário pode ser entendido como uma metáfora do judeu. Quando o antissemitismo surge, os canários emitem um alerta: "começa conosco, mas se não reagirmos morreremos todos os que somos discriminados".

Nosso é o tempo no qual o imaginário coletivo ferviIha e nos impõe a percepção da pluralidade no mundo. Em

[1] Um exemplo é a persistência e a determinação no Brasil contemporâneo de não tornar ─sível o processo antissemita que atravessa a História e a Historiografia ─rasileiras, como se a violência da ideia de cristão-novo e a Inquisição não ─essem existido.

descompasso, vivemos, simultaneamente, dias de apontar sotaques, sobrenomes e afiliações! O que nos convoca a pensar qual o papel ético de cada um. Qual é a minha/nossa responsabilidade por não escutar socialmente? Essa é também a pergunta de Hannah Arendt, de Theodor Adorno, de todos os que viveram a perversidade daquilo que se ocultou/oculta na Alemanha, daquilo que se ocultou/oculta no Brasil, daquilo que as piores forças do mundo tentam ocultar.

Ainda que paralelos bizarros com o Holocausto – disseminados amplamente em redes sociais – não possam ser confundidos com apologia ao nazismo, eles são perigosos, por remeterem a momentos impressos na memória coletiva e ignorarem a singularidade da maior catástrofe do século XX. Ao denunciar o uso de analogias entre campos de concentração nazistas e isolamento social obrigatório devido ao novo coronavírus, a Confederação Israelita do Brasil (CONIB) foi enfática: "Não há comparação possível entre uma medida sanitária, adotada em todo o mundo para combater uma pandemia, e uma ação persecutória e racista contra uma minoria inocente, que culminou com o extermínio de seis milhões de judeus na Europa."

Não há incidentes "pequenos" e a exaltação do nazismo não é uma "opinião" ou uma "brincadeira" que se possa ignorar. Com as omissões da legislação brasileira deixando passar o uso de símbolos e gestos, as pressões da sociedade civil são as que possibilitam recuos formais. Em março de 2020, em ato teatral, estudantes secundários de dezesseis e dezessete anos de uma conceituada escola privada em Recife postaram a fotografia em que faziam a saudação nazista diante de um "líder", candidato a orador da turma, assim apresentado: "Ele promete ser o novo *Führer* da série nessa caminhada para a construção de um novo e inovador *Reich*." A repercussão foi nacional. A diretoria da escola e os alunos, castigados com uma suspensão, pediram desculpas públicas aos "possíveis ofendidos". Alguns até choraram, informou-se! Na volta às aulas, teriam de apresentar à turma um trabalho "sobre o tema".

A Constituição brasileira de 1988, chamada de Constituição Cidadã, sustenta que o Estado Democrático de Direito contempla, entre os objetivos da República, o de promover o bem de todos sem preconceitos de origem, raça, sexo, cor, idade e quaisquer outras formas de discriminação. Em 2003 o Supremo Tribunal Federal (STF), em um julgamento histórico, colocou em prática os preceitos constitucionais e confirmou a condenação de Siegfried Ellwanger pelo crime da prática de racismo. A Editora Revisão, de sua propriedade, publicava livros notoriamente antissemitas, entre eles os *Protocolos dos Sábios de Sião* (uma farsa do início do século XX sobre o domínio judaico do mundo) e *Holocausto: judeu ou alemão? Nos bastidores da mentira do século*, negadores de fatos históricos incontroversos como o Holocausto.[2]

Ao condenar o racismo em todas as suas variantes, incluindo a incitação ao ódio racial sob a forma de antissemitismo, o STF fez coro com a ONU, que inclui como prática de racismo todos os incidentes provocados por xenofobia, negrofobia, islamofobia e antissemitismo. Como afirma a convenção da ONU sobre a eliminação de todas as formas de

2_Exemplares desses livros continuam a ser vendidos em sebos, ao lado de títulos como *Brasil, colônia de banqueiros*, que acusa uma "sinagoga de judaizados, judaizantes e banqueiros judeus" de terem provocado a ruína da economia cafeeira paulista. O tradutor dos *Protocolos*, Gustavo Barroso, chamava os judeus de "raça maldita" e era membro importante da ção Integralista Brasileira, que forjou em 1937 um documento "revelando" um golpe comunista no Brasil financiado pelo "ouro de Moscou" e com nome judaico: Plano Cohen. Escritor prolífico e membro da Academia Brasileira de Letras, Gustavo Barroso tem seu busto até hoje em lugar de destaque na entrada do Museu Histórico Nacional, do qual foi o primeiro diretor.

discriminação racial, ratificada pelo Brasil, qualquer doutrina de superioridade baseada em diferenças raciais é cientificamente falsa, moralmente condenável, socialmente injusta e perigosa. Para subsidiar e alicerçar essas afirmações impõe-se a necessidade de gerar conhecimento e análises que nos transformem a nós, cidadãos, e, consequentemente, transformem a sociedade.

Antissemitismo, uma obsessão: argumentos e narrativas é, assim, uma obrigação que cumprimos. Os ensaios aqui reunidos pretendem provocar nos leitores a reflexão sobre a mais antiga obsessão coletiva de ódio registrada na História do Ocidente, que demoniza os judeus identificando-os como fonte perpétua do Mal. Até mesmo aquele tipo de antissemitismo "bem-educado", singelo na aparência, mas que é uma forma sutil, às vezes irrefletida, de emitir conceitos racistas – que podem se voltar tanto contra os judeus como contra qualquer outro grupo, a depender do momento. Quem não conhece alguém que se surpreende ao ser admoestado por fazer algum comentário antissemita? A reação é sempre a de negar, com veemência, afirmando que há judeus entre seus melhores amigos. Mesmo que isso seja verdade, essa pessoa continua sendo porta-voz, consciente ou não, do discurso antissemita, pois quem sente necessidade de se vangloriar por ter amigos ou familiares judeus frequentemente tem uma visão distorcida, estereotipada, sobre judeus que não são seus amigos. É claro que esse não é o tipo de pessoa que irá frequentar manifestações de supremacistas brancos ou aplaudir em público atos de violência contra os judeus, o que, paradoxalmente, torna esse antissemitismo mais difícil de ser combatido.

Com todos esses argumentos no balaio metafísico, ao pensarem o livro as organizadoras partiram da premissa de que o antissemitismo **não é um problema dos judeus** e sim da humanidade, inserido que está na pauta comum dos que lutam pelo respeito aos direitos humanos. Nesse sentido, buscaram a contribuição e os olhares de diversas origens e áreas de especialização para chegar a um produto final original, no qual o pessoal e o coletivo, o tradicional e o contemporâneo se entrelaçam em narrativas abertas que podem ser lidas juntas ou separadamente.

Assim, o livro abre com "O mito do judeu subversivo: revolução, conspiração, dinheiro e poder", em que os historiadores Carlos Reiss e Michel Ehrlich traçam uma linha do tempo do mundo helênico à contemporaneidade, definindo os panoramas que moldaram a construção histórica da figura do judeu no imaginário coletivo. Ao mostrarem como o preconceito contra os judeus, em todas as épocas, tem sido maleável, adaptando-se a todos os tipos de realidade social, ressaltam a incongruência e a irracionalidade do estereótipo.

Em seguida, em "Todos somos índios, todos somos quilombolas, todos somos LGBTQI+", a psicanalista Betty Fuks analisa o renascimento do antissemitismo pelas lentes da psicanálise e utiliza o arcabouço teórico que Freud, um judeu marcado pelo judaísmo em sua "própria essência", legou à humanidade. O título provocativo traz o tema para o debate premente no Brasil de nossos dias e, também, para o aspecto da responsabilidade pessoal no respeito às diferenças.

Experiências pessoais riquíssimas, ligadas ao universal, vão levar o/a leitor/a a ponderar sobre a capacidade de ampliar o conhecimento do vivido e do não vivido através da arte, por exemplo. Ao escrever sobre "Auschwitz e o cinema", o psicanalista e crítico cinematográfico Luiz Fernando Gallego refere-se a alguns dos muitos filmes com a temática do genocídio, sejam eles documentário ou ficção, provocando a reflexão sobre o papel da comunicação (no caso, do cinema) para mostrar o horror nazista e, indiretamente, nos convidando a pensar na ameaça de outros horrores.

É essa ponderação que nos encaminha ao artigo "Resistir, sobreviver e viver para contar o Holocausto: apontamentos, histórias, afetos", em que a educadora Sonia Kramer oferece um relato emocionado da história de seu pai, sobrevivente de Auschwitz, que soube construir no Rio de Janeiro uma vida plena, uma família, conquistou amizades e admiração, e ensinou a liberdade e a escuta. Ensinou tão bem que a filha se tornou uma professora que reconhecidamente pratica os ensinamentos do pai.

Em "Um não judeu judeu (que também é gay): negociando os armários", o professor e brasilianista James Green também traz um depoimento marcante. Sendo um "estrangeiro", com seu olhar "de fora" consegue perceber meandros aos quais nós, brasileiros, nem sempre estamos atentos. Afirmando suas múltiplas e complexas identidades, seu testemunho, como o título do artigo anuncia, é instigante e intenso na defesa incondicional da democracia.

"Neonazismo hoje: a cena brasileira e suas linhagens", da antropóloga Adriana Dias, faz uma detalhada exposição da etimologia dos termos antissemitismo e neonazismo para, a partir daí, analisar o crescimento dos grupos neonazistas no Brasil. Ela acende uma luz vermelha que nos indica quem são e como pensam os componentes desses movimentos, aprofundando-se na busca pela compreensão das causas que os tornam tão sedutores e populares na atualidade.

A designer e pesquisadora Michele Prado, em "*Alt-right* e *Far-right*: vetores do crescimento exponencial do antissemitismo" encadeia a questão do crescimento do antissemitismo no Brasil ao contexto transnacional. Da definição do termo *alt-right* até a análise de linguagens e símbolos, a autora demonstra que este é um movimento antissemita que não pode ser confundido nem com o pensamento conservador nem com o liberal. E alerta que embora muitos acreditem estar defendendo o pensamento conservador estão, de fato, fortalecendo ou se aliando à *alt-right*. Mais uma luz vermelha.

O historiador João Henrique dos Santos, em "Poliakov nos trópicos: antissionismo, pretexto para o antissemitismo no meio católico ortodoxo no Brasil" desvela uma realidade desconhecida da maioria de nós: como se propaga, nos rituais e sobretudo nas redes sociais das igrejas ortodoxas, a teoria conspiratória que elege os judeus como alvo preferencial do ódio. E mais outra luz vermelha.

Como contraponto, a educação. Fica evidente a importância da educação como processo de formação de cidadania, de direito à escolha, do dever com as diferenças, do acolhimento dos que não sabem. Esse acolhimento é descrito pelo professor Roberto Antunes em "A educação mudando mentalidades: ensino do Holocausto em escolas públicas do Rio de Janeiro", em que ele detalha os desafios e a importância da oferta desse conteúdo para alunos que não costumam receber informações sobre uma realidade que precisa ser (re)conhecida.

Ainda no campo da educação, mas trabalhando sobre um outro viés, o historiador social Paulo Valadares nos conta em "Salomão Malina no 'tição' do Colégio Pedro II" a trajetória de vida desse judeu que foi um importante personagem na história política brasileira. Valadares dá especial atenção ao período em que Malina estudou naquela instituição e as investidas antissemitas que vivenciou – e superou – no ambiente escolar.

Por fim, o livro termina com uma bela mensagem de esperança com o artigo de Davi Windholz, "Educação como meio de eliminar a mentalidade racista". Exemplo do que alguns classificariam de sonhador utópico, esse educador brasileiro/israelense inspirou-se na metodologia de Paulo Freire, colocando-a em prática através de um revolucionário modelo de educação para a paz. Integrando crianças e jovens israelenses e árabes em salas de aulas, colônias de férias, passeios, seminários, Davi nos conta das tensões, mas também das respostas promissoras de uma educação voltada para o respeito ao próximo, o amor e a liberdade.

Existe um provérbio judaico que diz: "Quem é sábio? Aquele que aprende com todos." [*Eizehu Chacham? Halomed Mikol Adam.*] Queremos que os leitores aproveitem a oportunidade do saber e do aprender – como nós mesmas aprendemos com esses olhares diversos. Segundo Proust, "cada leitor é, quando lê, o próprio leitor de si mesmo" e nessa perspectiva é ele quem constrói o sentido. Procuramos, então, oferecer ferramentas que auxiliem na construção de sentidos. Nossa intenção foi a de contribuir com o movimento, já em marcha na sociedade, que instiga reflexões, conclusões e desafio às imposições limitadoras.

Desconstruir o conceito e enfrentar o estigma do antissemitismo sem a régua da rigidez é o que aspiramos. Porque estamos todos a constatar um mal em processo de elaboração, de incubação. Pequenos e delicados, os ovos de serpente não parecem dizer o que contêm, mas quando surgem seus filhotes, podemos prenunciar o que causarão. Lá estão todos os atributos que gerarão o medo. O corpo liso e escamado. A cauda afilada. A agilidade sem membros e sobretudo o veneno que desde cedo já podem inocular.

É uma frente de luta difícil, permanente, mas possível. Afinal, o que torna o mundo atraente é a diversidade. Não estamos juntos por causa de nossas semelhanças, mas sim (e sempre!) apesar de nossas diferenças. Que possamos ser persistentes na defesa de uma sociedade justa, igualitária e democrática, na qual tudo se tolera, salvo a perversa intolerância.

SUMÁRIO

**20_ O MITO DO JUDEU SUBVERSIVO:
REVOLUÇÃO, CONSPIRAÇÃO, DINHEIRO E PODER**
Carlos Reiss e Michel Ehrlich

**46_ TODOS SOMOS ÍNDIOS, TODOS SOMOS QUILOMBOLAS,
TODOS SOMOS LGBTQI+**
Betty Bernardo Fuks

66_ O CINEMA, AUSCHWITZ E A "SOLUÇÃO FINAL"
Luiz Fernando Gallego

**76_ RESISTIR, SOBREVIVER E VIVER PARA CONTAR
O HOLOCAUSTO: APONTAMENTOS, HISTÓRIAS, AFETOS**
Sonia Kramer

**104_ UM NÃO-JUDEU JUDEU (QUE TAMBÉM É GAY):
NEGOCIANDO OS "ARMÁRIOS"**
James N. Green

**122_ NEONAZISMO HOJE: A CENA BRASILEIRA
E SUAS LINHAGENS**
Adriana Dias

144_ *ALT-RIGHT* E *FAR-RIGHT*: VETORES DO CRESCIMENTO EXPONENCIAL DO ANTISSEMITISMO
Michele Prado

174_ POLIAKOV NOS TRÓPICOS: ANTISSIONISMO, PRETEXTO PARA O ANTISSEMITISMO NO MEIO CATÓLICO ORTODOXO NO BRASIL
João Henrique dos Santos

192_ A EDUCAÇÃO MUDANDO MENTALIDADES: ENSINO DO HOLOCAUSTO EM ESCOLAS PÚBLICAS DO RIO DE JANEIRO
Roberto Anunciação Antunes

208_ SALOMÃO MALINA NO "TIÇÃO" DO COLÉGIO PEDRO II (ANOS 1940)
Paulo Valadares

222_ EDUCAÇÃO COMO MEIO DE ELIMINAR A MENTALIDADE RACISTA
Davi Windholz

ANTISEMITISMO,

"

O nosso dever é o de afirmar que não existem raças, mas seres humanos; que o ódio racial é um dos mais terríveis flagelos da humanidade; que a expressão mais violenta do ódio racial foi o Estado hitlerista; que a aparição de uma suástica é uma sombra da morte. Cabe aos homens de boa vontade cancelá-la, num pacto de solidariedade."

NORBERTO BOBBIO _ discursando em uma cerimônia na sinagoga de Turim, como citado em LAFER, Celso (2003) "O Supremo Tribunal Federal e o caso Ellwanger", apud Norberto Bobbio in *O Mundo em Português*. S. João do Estoril: Principia, Publicações Universitárias e Científicas, 49-outubro, 11-13

O MITO DO JUDEU SUBVERSIVO: REVOLUÇÃO, CONSPIRAÇÃO, DINHEIRO E PODER

Carlos Reiss e **Michel** Ehrlich

Carlos Reiss _ Coordenador-geral do Museu do Holocausto de Curitiba.

Michel Ehrlich _ Mestre em História pela Universidade Federal do Paraná (UFPR) e coordenador do departamento de História do Museu do Holocausto de Curitiba.

ANTISSEMITISMO,

1. Do não lugar à subversão

A palavra subversão pode ser utilizada em diversos contextos; com conotação ora positiva, ora negativa. Se refere a sujeitos ou ações voltadas contra a ordem estabelecida ou esperada. Nesta acepção, tende a adotar um sentido positivo para aqueles que questionam tal ordem e negativo para os defensores e beneficiários de um determinado *status quo*. Por parte destes, a figura do judeu (que se trata, fundamentalmente, de um personagem imaginado, podendo ter maior, menor ou mesmo nenhuma relação com pessoas judias reais) tem historicamente ocupado este papel negativo do perigo da subversão na sociedade que convencionamos chamar de ocidental.

Neste breve texto, não há intenção de recapitular a História do povo judeu e suas relações com as sociedades nas quais vive. Pretende-se destacar apenas um tópico específico: sua relação com as expectativas de ordem social a partir da ideia geral de subversão. As características muitas vezes antagônicas que alimentaram o mito do judeu subversivo foram remodeladas nas décadas seguintes ao genocídio nazista. Mas, em constante renovação, continuam presentes – inclusive no Brasil, imerso nas questões globais que dizem respeito ao ódio, à discriminação racial, à intolerância e à xenofobia.

Para muitos autores, as primeiras tensões do fenômeno que hoje chamamos de antissemitismo se manifestaram nos antigos reinos helenísticos, quando judeus, sobretudo no Egito ptolomaico, ocupavam um espaço em certo sentido intermediário entre cidadãos e estrangeiros. Não sendo nem totalmente um, nem completamente o outro, localizavam-se em um não lugar – o que não significa uma ausência de identidade e do julgamento do outro.

Na Idade Média, o aspecto de não lugar foi reforçado. A dispersão iniciada desde o antijudaísmo antigo, mais notadamente durante o domínio romano, forçou os judeus a estabelecerem comunidades em lugares longínquos. No período medieval, eles não formavam uma categoria social bem definida dentro das estruturas feudais. Não eram livres nem servos, em muitos lugares não tinham o direito de possuir terras ou de portar armas. O advento das Cruzadas e a crescente intolerância produziram massacres, que atingiram o auge com a proliferação da peste negra. As restrições econômicas, sociais e patrimoniais impediam que os judeus ocupassem um lugar na sociedade trifuncional retratada no poema de Adalberon de Laon, no século XI. Apesar de se tratar de uma ordem mais idealizada que real, ela exerceu, segundo o historiador Georges Duby, importante papel no imaginário de como a sociedade deveria ser organizada.[i] Os judeus, por exercerem funções às margens dessa idealização, a ameaçavam.

A figura do judeu tampouco se encaixava nos modelos com os quais a cristandade ocidental imaginava aqueles que não faziam parte dela: pagãos, hereges e infiéis. O termo pagão geralmente se referia a crenças politeístas e para povos até então sem contato com o cristianismo (o que não era o caso dos judeus); hereges eram cristãos desviantes, no que os judeus novamente não se encaixavam; tecnicamente, os judeus seriam infiéis, que renegam a verdade cristã. No entanto, o termo era mais compatível, aos olhos da cristandade, aos muçulmanos. O infiel seria um inimigo

ANTISSEMITISMO,

externo a ser combatido, enquanto os judeus viviam no seio da sociedade cristã. Havia ainda o dilema apontado na Antiguidade Tardia por Agostinho de Hipona do fato, impossível de negar pela Igreja, do judaísmo estar na origem do cristianismo; não era, portanto, um *Outro* tão distante.

Os judeus ocuparam, durante boa parte do medievo, um lugar que o historiador Jean-Claude Schmitt definiu como marginalidade, um status intermediário entre a integração e a completa exclusão (que será a postura adotada, a partir de fins da Idade Média, por reinos que optaram pela expulsão total dos judeus).[ii] Esta marginalidade se manifesta em aspectos econômicos (judeus relegados a funções depreciadas, mas necessárias, como o comércio e a de prestamista), sociais (judeus confinados a espaços específicos, mas ao mesmo tempo dentro da sociedade) e religiosos (discussões teológicas sobre a legitimidade ou necessidade de conversão forçada).

A noção de subversão ainda não se aplica aqui e será discutida para um passado mais recente. Porém, observa-se que, na construção histórica do imaginário dessa figura do judeu, este ocupa um estranho não lugar – e aquele que não ocupa um lugar está, pela sua própria existência, subvertendo a ordem e, portanto, ameaçando-a. O judeu seria a incessante demonstração da fragilidade e artificialidade da ordem vigente. Como demonstram os estudos de autores como Michael Löwy[iii], Luis Krausz[iv] e Eric Hobsbawm[v], essa condição de não lugar poderá, especialmente a partir da Modernidade, ser fonte de uma criatividade intelectual, científica e política singular – corresponsável por legar, para a humanidade, subversivos de Sigmund Freud a Franz Kafka, de Albert Einstein a Hannah Arendt, de Rosa Luxemburgo a Walter Benjamin –, mas também incomodará os detentores do poder.

O judeu como aquele que ameaça o *status quo* não é a única fonte de antissemitismo, mas é certamente uma das mais relevantes. Como veremos, precisamente pelo fato do judeu ocupar não uma posição diferente, mas um não lugar, este imaginário é maleável e ele poderá ser visto como um potencial subversor de ordens sociais, das mais diversas.

2. De usurário a capitalista

Na Baixa Idade Média, já num período de decadência feudal, o desenvolvimento das cidades e a retomada do comércio produziram novas dinâmicas sociais. Segundo o escritor francês Jacques Attali, os judeus, progressivamente expulsos de todos os ofícios e da posse da terra, abandonaram o campo e dirigiram-se para os burgos.[vi] Como consequência de um coletivo intolerante e da transposição deste não lugar, como escreveu o historiador francês Fernand Braudel, o antissemitismo ganhava uma nova faceta pautada nas profissões liberais.[vii] Dentre os ofícios aos quais os judeus se dedicaram nesta nova configuração, um é de particular importância para a compreensão do insólito mito do judeu usurário: o empréstimo de dinheiro a juros. Afinal, a Igreja Católica proibia a usura, atribuindo a prática ao pecado. Entretanto, quando havia necessidade de socorrer os cofres públicos e privados, valiam-se dos judeus prestamistas, que não eram sujeitos às leis da Igreja e raramente o eram às do Estado. Sobre cada empréstimo, cobravam juros, tomando como garantia objetos como louças e vestimentas.

ANTISSEMITISMO,

Em meio ao rearranjo nas relações sociais e comerciais, os judeus também se destacaram no comércio internacional, criando uma das primeiras redes mercantis do mundo. As crescentes expulsões, mais notadamente da Espanha e de Portugal, aumentaram o fluxo de imigrantes judeus para as cidades e reinos da Itália. Foram estabelecidas, a princípio, políticas de segregação, obrigando os judeus a usarem sinais distintivos e confinando-os em guetos.

A etapa mercantilista durou praticamente duzentos anos. A base da prosperidade da nação era a riqueza: o ouro e a prata. Da prosperidade do pária surgiu o mito da "riqueza" e dos "emprestadores a juros" – o que não era total inverdade, mas que ganhou projeções sociais, figurando em peças de teatro e em instrumentos midiáticos e culturais que se enraizaram no inconsciente popular. Veneza, próspera república mercantil, foi um dos principais centros do comércio mediterrâneo no século XVI, cuja importância é revelada no trabalho dos mercadores. Lá, eram fixados os preços dos produtos e construídas as melhores embarcações.

Já carregando o pesado fardo de "povo deicida", a imagem do judeu foi explorada na literatura como de "usurário" e de contraventor da fé cristã. A escala de ataques crescia exponencialmente, também nos momentos de dispersão, e seus resquícios atravessaram o período renascentista. O mito do libelo de sangue, um dos fundamentos do antissemitismo medieval, destruiu a reputação judaica – incluindo em solo britânico. O "Conto da Prioresa", imortalizado por Geoffrey Chaucer em seus *Contos de Canterbury*, contribuiu para a satanização da figura do judeu na literatura medieval. Quando em 1290, o Rei Eduardo decretou a expulsão dos judeus da Inglaterra, encerrava-se o primeiro período histórico desse povo nestas ilhas. Até então, parte havia prosperado e, com eles, o Tesouro Real.

O exílio dos judeus ingleses durou 365 anos. Mesmo sem a presença física, construía-se a representação do judeu como explorador, frio e calculista, um ser objetificado a quem William Shakespeare, que nunca convivera com um deles, baseou-se para criar o personagem Shylock em sua obra *O mercador de Veneza*.

Até então, o maior modelo de identidade judaica no imaginário popular inglês residia no personagem Barrabás, um bandido da peça *O judeu de Malta*, de Christopher Marlowe. Nela, o prestamista Barrabás ("coincidência" com o ladrão solto por Pilatos) molda-se como um ser demoníaco e perverso, que ao mesmo tempo se dedicava à acumulação material, ao furto e à fornicação – uma caricatura grotesca criada por Marlowe. A peça era representada na corte e nos teatros de Londres, o que a converteu em assunto favorito das plateias inglesas, que abraçaram o gosto pelas tragédias sangrentas e de vingança.

Já o contexto da obra cênica de Shakespeare segue a mesma linha genérica, em que as moralidades medievais possuem uma essência mais teológica do que pecuniária. Por meio da personagem Pórcia, uma representação explícita da Virgem Maria, esses princípios são apresentados quando ela advoga pelo perdão às almas e contra as acusações intransigentes do subversivo Shylock, ou seja, do diabo. Apesar das ambiguidades e do cuidado que deve-se ter em evitar

ANTISSEMITISMO,

analisar anacronicamente as pretensões da dramaturgia da época, foram os atributos negativos do judeu no imaginário que prevaleceram na recepção da obra e que chegaram ao século XIX. A figura hipotética do judeu como um "forasteiro rico, lascivo e avarento, tolerado apenas por suas reservas de ouro", nas palavras de Samuel Mirsky,[viii] foi transportada ao século dos nacionalismos – inclusive em reencenações de *O mercador de Veneza*, com ênfase interpretativa menos em seu caráter profano e mais num viés monetário.

A visão hostil perante um judeu tacanho e calculista circulava suficientemente pela Europa moderna para que fosse utilizada como argumento nos debates públicos sobre as agruras do capitalismo ainda emergente. Naquele momento, era o capitalismo quem abalava os alicerces da sociedade e modificava a ordem vigente. Como marginais ascendentes, não seria difícil associar os judeus (imaginários) a esse processo, consolidando o mito conspirador presente desde a Idade Média. Das crenças de avidez e ganância dos judeus, emergiu um antissemitismo anticapitalista em meio às circunstâncias transformadoras da sociedade ocidental, que seriam aprofundadas pelo Iluminismo e pela Revolução Industrial.

3. Antissemitismo e anticomunismo

O papel subversivo da figura do judeu é maleável. Desse modo, ao mesmo tempo em que pôde ser associado ao capitalismo em ascensão que modificava o ordenamento, o judeu também foi, na passagem do século XIX para o XX, associado ao comunismo, o novo grande questionamento à ordem vigente.

Como no caso do mito do judeu usurário, o estereótipo do judeu comunista parte de um dado real para extrapolá-lo e descontextualizá-lo. Na virada do século, a presença deles em movimentos e partidos políticos de esquerda na Europa central e oriental, notadamente os revolucionários, era expressiva e desproporcional à parcela da população em geral. Ao contrário da extrapolação antissemita, no entanto, não significa que os ideais revolucionários tivessem adesão da maioria dos judeus, menos ainda que estes constituíssem uma maioria em tais movimentos. Nesse imaginário, militantes de esquerda das mais variadas tendências eram agrupados em um mesmo todo fantasioso. Essa lógica, obviamente, descontextualizava a militância de esquerda judaica.

No último terço do século XIX, o antissemitismo reaparecia com nova roupagem, mais moderna, sustentado menos por preconceitos religiosos e mais em novas ideias: o racismo e o nacionalismo. Este antissemitismo repaginado sinalizava os limites do Iluminismo, que desde o fim do século XVIII parecia ser a fonte da liberdade dos judeus europeus.

Diante desse cenário, muitos judeus passaram a se engajar em respostas a esses novos dilemas. Houve os que dobraram a aposta na integração à sociedade, acreditando ser o antissemitismo uma reação na contramão da História. Outros optaram pela negação da Modernidade e o fechamento na própria ortodoxia religiosa. Houve alguns que, tomando como exemplos os nacionalismos europeus, viram em um Estado-nação próprio a estrutura política capaz de acabar com os problemas e criaram o movimento sionista. Finalmente, houve aqueles judeus que enxergaram no sistema socioeconômico a raiz dos problemas. Para estes, o ideal de revolução era sedutor, pois se a Questão Judaica estava arraigada nas estruturas da sociedade, a ideia de estabelecer uma inteiramente diferente seria uma saída interessante. Principalmente no Leste Europeu, onde uma massa de judeus miseráveis tentava sobreviver como um subproletariado em um império de industrialização tardia e imerso em estruturas sociais pré-industriais com condições precárias para trabalhadores e manifestando um antissemitismo violento. Mas também na Europa Central, onde muitos "intelectuais judeus desenraizados" – na expressão de Michael Löwy[ix] – esbarravam nos limites do liberalismo e se recusavam ao arrivismo, engajando-se nas diversas formas de esquerda revolucionária que emergiam.

Ao mesmo tempo, ganhava força na Europa o anticomunismo. Em torno dele, se agregavam grupos com um objetivo em comum: desde a burguesia liberal, que de revolucionária passara a defensora do *status quo*, passando por nacionalistas contrariados pelo internacionalismo comunista, monarquistas, conservadores e grande parte da Igreja, que viam no comunismo a dissolução da religião e do poder das instituições tradicionais. Esses grupos entendiam os movimentos revolucionários de esquerda como uma ameaça cada vez mais real, sobretudo após a comuna de Paris de 1871, da consolidação de partidos e movimentos anticapitalistas e, definitivamente, a partir da Revolução Russa de 1917.

Ao mesmo tempo em que era uma resposta aos movimentos operários, o anticomunismo também serviu a grupos conservadores como uma oportunidade. Criando um temor generalizado de ameaça (concreta ou não) de revolução, o anticomunismo foi usado como argumento para deslegitimar qualquer pensamento de oposição – comunista ou não – à ordem vigente. Nesse sentido, o anticomunismo, mais do que uma ideia, transformou-se em uma mitologia, um sistema de ideias e simultaneamente de sentimentos, que poderia ser usado para inflamar o público no debate democrático, mas também para o fortalecimento autoritário de regimes políticos e repressão da oposição.

Restava aos setores anticomunistas o desafio de dar penetração social ao temor que logo se transformara em ferramenta política. A conjugação do anticomunismo com o antissemitismo serviria perfeitamente a esses propósitos. Os judeus ocupavam um não lugar (sem nação, classe ou lugar social definido) que já os tornava facilmente encaixáveis no perfil de subversivo. O fato de muitos judeus terem se engajado em movimentos de esquerda fazia com que sua figura imaginária se inserisse perfeitamente na representação (igualmente imaginária) do comunista que o ideário anticomunista construía.

Dessa forma, esse antissemitismo, surgido no topo da pirâmide social, podia descer seus degraus – inclusive servindo para afastar as classes trabalhadoras do comunismo – e se conjugar com velhos mitos do antissemitismo religioso medieval – e, paradoxalmente, também com o antissemitismo anticapitalista das classes populares. O mito do judeu comunista servia às elites para fortalecer o ideário anticomunista e ao mesmo tempo para desviar o foco da insatisfação popular, do sistema socioeconômico para os

ANTISSEMITISMO,

judeus – não à toa, o socialista alemão August Bebel (1840-1913) chamou o antissemitismo de "socialismo dos idiotas". O mito do judeu comunista ganharia dimensões tenebrosas com o nazismo que, entre outros mitos antisemitas, associava judeus e comunistas, os dois maiores inimigos do seu ideário ideológico. Essa associação ainda atravessaria o Oceano Atlântico e chegaria ao continente americano, onde seria base para restrições migratórias e pano de fundo para fechamentos autoritários de regimes políticos, como o sugestivo nome Plano Cohen,[1] que serviria para o estabelecimento do Estado-Novo no Brasil em 1937.

[1] Cohen é um nome típico judaico (mais especificamente se refere aos descendentes da casta sacerdotal). Embora o Plano Cohen não falasse explicitamente de uma conspiração judaica e se referisse supostamente ao líder comunista húngaro (e judeu) Béla Kun, o ideário do mito judaico-comunista estava presente, bem como, poucos anos antes, na deportação de Olga Benário e no fechamento de diversas instituições judaicas de ativismo social como, a título de exemplo, a Arbeter Kich (Cozinha do Trabalhador).

4. Modernos demais

Frequentemente conectado ao mito do judeu capitalista e do judeu comunista, mas ao mesmo tempo com um desenvolvimento relativamente à parte, está a acusação antissemita que os liga aos males da Modernidade. A transição do século XVIII para o XIX acarretou transformações substanciais na vida social europeia, que se estendem, em certo sentido, ainda hoje. Trata-se das consequências políticas, sociais, econômicas e culturais das duas grandes revoluções daquele momento: a Francesa e a Industrial.

Essas transformações, benéficas para uns, também foram fonte de desgraça para outros, alimentando ressentimentos em relação à Modernidade. Tais sentimentos foram manifestados em formas e por grupos dos mais diversos, inclusive antagônicos. Não há necessariamente uma aliança entre os setores insatisfeitos. Entre esses grupos listam-se, por exemplo, monarquistas ressentidos com a onda republicana, intelectuais românticos contrários à sociedade industrial, setores da Igreja inconformados com a secularização, nacionalistas (como fenômeno, moderno, mas a nação se imagina antiga e tradicional) vendo ruir as fronteiras nacionais (tanto por parte do capitalismo como pelo comunismo, além das migrações), trabalhadores pobres relegados à miséria pela mecanização de seus postos de trabalho, setores da elite temendo a organização da classe trabalhadora etc.

O ressentimento com a Modernidade é, portanto, plural e difuso. Em alguns casos, se manifestará na forma de um desejo reacionário de bloquear mudanças e retornar a uma ordem anterior (como o Antigo Regime). Em outros, levava à crítica radical do presente e a utopias libertárias. As relações a serem estabelecidas a seguir com o antissemitismo são, portanto, uma possibilidade de manifestação desse sentimento, e não sua essência. Ao longo do século XIX, a figura do judeu foi frequentemente associada (negativamente) à Modernidade, gerando, para alguns desses setores ressentidos, uma materialização dos novos tempos, um alvo mais concreto e tangível do que tal conceito abstrato.

Inegavelmente, a situação dos judeus em relação à sociedade europeia foi, seja para melhor ou pior, radicalmente modificada com a Modernidade. Entre os séculos XI e XVIII, os judeus europeus, ainda que com exceções, viviam, quando não foram formalmente expulsos, às margens da sociedade: necessários, mas discriminados e relegados a viver à parte. Com a *Haskalá*, que defendia uma maior inserção dos judeus na sociedade, a Emancipação

ANTISSEMITISMO, e a concessão de cidadania, os judeus expandiram seus direitos e passaram a ser parte da sociedade, sobretudo nos centros urbanos. Especialmente na Europa central e ocidental, muitos obtiveram relativa ascensão social e começaram a frequentar círculos mais amplos, setores diversificados da economia, universidades e, em menor proporção, instituições do Estado como tribunais, forças armadas e a política institucional.

A maior presença judaica na sociedade tornou-se um símbolo da Modernidade e a Emancipação (embora não significasse o fim de restrições sociais) um marco, por vezes encarado como condição da inserção do país no rol das nações modernas. Os aspectos da Modernidade com os quais esses setores estavam, de forma justa ou não, insatisfeitos, geralmente não tinham relação com os judeus. Porém, na sociedade pré-moderna, os judeus eram, no máximo, vizinhos distantes e diferenciáveis, ao passo que, na sociedade moderna, frequentavam círculos sociais, habitavam qualquer bairro e, à medida que se integravam, tornavam-se menos distinguíveis. Reverter a Modernidade, desejo dos difusos setores ressentidos e nostálgicos pelo passado idealizado, significaria reverter a emancipação judaica.

    Assim, novamente, a figura do judeu servia como uma espécie de coringa na explicação da dinâmica social. Ao associar o judeu à Modernidade, dava-se concretude a um conceito abstrato e canalizava-se o ressentimento contra uma figura definida. A imagem do judeu, neste caso, não seria apenas um potencial subversivo, mas alguém que já teria subvertido a ordem passada idealizada.

5. Perigosos conspiradores

Segundo o historiador francês Raoul Girardet, as manifestações do imaginário político se dariam na forma de mitos políticos[x] – que podem ser elencados como mais uma ferramenta de subversão. Uma das categorias desses mitos se norteia na angústia e no delírio paranoico de que inimigos tramam às escondidas. Um pânico fundado na ilusão de que eles tomariam, a qualquer momento, o controle total da sociedade – político, religioso e econômico. A narrativa fantasiosa e irracional da conspiração se associa a grupos marginalizados e se torna uma ferramenta de caráter político e mobilizador do imaginário público. Na maior parte das vezes, tais conspirações estão ligadas a planos satânicos para abalar a ordem vigente, instigar conflitos ou instituir governos tirânicos, numa reação à Modernidade e aos processos correlatos de "desencantamento do mundo" e de ressentimento contra a ordem existente.

Um destes complôs fictícios, que se une às questões já apontadas, é o da conspiração judaica internacional – com braços em ambos os espectros políticos. Uma aliança obscura de fins subversivos que envolveria não apenas judeus, mas maçons e marxistas, com o fim derradeiro de dominação do mundo. O mito surge como consequência do Iluminismo, da Modernidade e do discurso social que o antissemitismo ganhara com as narrativas de anticapitalismo e de anticomunismo. Como efeito da Emancipação e da própria assimilação, o judeu moderno perdeu os elementos de identificação imediata, possibilitando que a crença nos supostos planos de conspiração ganhassem adeptos. Anos mais tarde, Hitler

ANTISSEMITISMO, destacou que o "elemento judaico" conspirava por meio de um discurso democrático e popular, mas, com o poder, transformava-se "no judeu sanguinário e tiranizador de povos".[xi]

O que aconteceu com a obra do escritor francês Maurice Joly é um caso único na história da literatura. Sua sátira política *Diálogo no inferno*, uma peça de ficção, acabou ofuscada por um plágio grotesco, *Os protocolos dos sábios de Sião*, que se tornou mais conhecido que a original e se faz passar até hoje por um documento real. A obra, um compilado de falsas atas de reuniões secretas com o objetivo de traçar planos para dominar o mundo, é um livro apócrifo criado a mando da polícia secreta do Czar Nicolau II entre o fim do século XIX e o início do XX. Fruto de uma ficção plagiada e com elementos esotéricos, a fraude acusa os judeus de conspirarem por meio do ensino subversivo, da destruição da família e da estabilidade financeira, além da disseminação de vírus e de enfermidades. Nos *Protocolos* e nas obras nele inspiradas, os estereótipos antissemitas mais inconciliáveis eram misturados e as contradições apresentadas como parte do disfarce judaico. Judeus arcaicos e modernos seriam duas faces de uma mesma moeda, judeus capitalistas financiariam o comunismo judaico e todos juntos tramariam um sinistro complô.

Diante da necessidade do czar de alimentar-se politicamente de uma conspiração irreal para desviar a crescente insatisfação popular, a criação dos *Protocolos* relaciona-se a um contexto específico da Rússia czarista. Entretanto, seu sucesso rápido e estrondoso pelo mundo demonstra que o livro atendia a um anseio geral: não apenas disseminar o ódio ou estimular uma visão conspirativa da história, mas o uso de um inimigo imaginário como estratégia de continuidade do poder. O fato do texto dos *Protocolos* não possuir qualquer definição ou contexto de tempo fez com que o discurso pudesse facilmente ser adaptado nas décadas posteriores, o que realça um dos poderes do mito conspirador: renovar sua atração e seu fascínio a cada nova crise profunda. Geralmente, a indicação do livro vem seguida de frases como "conheça a verdade", "a história que não é contada" ou "não é uma obra de ficção". O mundo pós-Revolução Russa e pós-Primeira Guerra Mundial encontrou no mito conspirativo de *Os protocolos dos sábios do Sião*, mesmo após rapidamente comprovadas as falsificações, um elemento sintetizador para todas as camadas da sociedade.

Durante o regime nazista, por exemplo, os *Protocolos* foram instrumento fundamental na guerra da propaganda sem fronteiras. Mas também, em outros lugares, o livro se alastrou. Nos Estados Unidos, foi traduzido por um jornal cujo proprietário era Henry Ford. No Brasil, o líder integralista (além de presidente da Academia Brasileira de Letras e diretor do Museu Histórico Nacional) Gustavo Barroso traduziu os *Protocolos* ao português.

No final do século XIX e início do século XX, a ideia de que rabinos e grão-mestres maçons estivessem tramando algo perverso, materializada num *best seller*, foi uma nova manifestação de mitos conspiradores ligados ao segredo e ao poder. No caso dos judeus, a relação entre essas duas palavras já era conhecida desde os períodos nefastos da Idade Média. O judeu como aliado do diabo e que ludibriava crianças para cometer o mal absoluto, bem como as histórias de criptojudaísmo nos países ibéricos, são exemplos anteriores do tom misterioso e ardiloso que foi construído como imaginário popular sobre este povo.

6. Permanências contemporâneas

Muito já se debateu, como destacado pela socióloga Bila Sorj, sobre a persistência e a longevidade do antissemitismo no ocidente[xii]. Um dos princípios desse fenômeno, fundamentado por Robert Wistrich, é sua naturalidade e adaptabilidade ao espírito de cada época.[xiii] Após a Segunda Guerra Mundial, a comoção com a tragédia que se abateu, especialmente sobre os judeus, fez com que a materialização do antissemitismo tivesse um arrefecimento – e não há dúvidas de que a relação dos judeus com as sociedades das quais fazem parte passa, em termos comparativos, por um período de relativa tranquilidade sem precedentes nos últimos séculos. No entanto, o imaginário sobre o não lugar da figura do judeu permanece. As características muitas vezes antagônicas que alimentaram o mito do judeu subversivo foram remodeladas e ganharam ressonância nas décadas seguintes ao genocídio cometido pelos nazistas e seus colaboradores.

Tais acusações, em constante renovação, continuam presentes e ambivalentes, mesmo no século XXI, alternando de forma leviana entre espectros políticos também distintos – incluindo no Brasil, imerso nas questões globais que dizem respeito ao ódio, à discriminação racial, à intolerância e à xenofobia. Nesse sentido, a análise e o combate ao antissemitismo não devem ser dissociados das querelas políticas e das desigualdades históricas que afetam outros setores da sociedade – como, no caso brasileiro, por exemplo, negros, indígenas e LGBTQI+, grupos sobre os quais os imaginários sobre eles construídos implicam na atualidade em opressão muito mais materializada.

Ao propormos uma análise sobre as permanências contemporâneas relativas ao imaginário do judeu subversivo, o objetivo não é mensurar as práticas de antissemitismo no território brasileiro ou tampouco investigar como essa alegoria preconceituosa influencia negativamente no cenário político nacional. Levantando brevemente, somente a título de exemplos, alguns casos recentes e de repercussão na opinião pública brasileira e mundial, o desafio é conectar estas situações com o longo processo histórico descrito neste artigo, destacando sua natureza adaptável, além de relacioná-los a temas atuais como a globalização, o conservadorismo neoliberal e a onda de desqualificação da imprensa e da ciência. Em suma, por meio de amostras, o intuito é de refletir sobre o paradigma de subversão nos dias atuais a partir da noção histórica do judeu subversivo.

Um dos mitos antissemitas cuja continuidade na atualidade se faz mais presente é o do capitalista inescrupuloso, oriundo do judeu usurário e imensamente poderoso. Em 17 de março de 2020, o site Diário do Centro do Mundo noticiou a adesão de parcela expressiva dos moradores do bairro de Higienópolis, em São Paulo, aos panelaços em protesto contra o presidente Jair Bolsonaro, afirmando que "o tradicional bairro judaico paulistano, cuja comunidade comanda as finanças da capital...".[2] Tal afirmativa, desacompanhada de qualquer dado que a corrobore, demonstra não apenas o

[2] Disponível em <https://www.facebook.com/ObservatorioJudaico/photos/a.6488060488737/8935280244037/?type=3&theater>.

ANTISSEMITISMO, caráter antissemita da acusação, como seu grau de cristalização. Para quem redigiu o texto, tratava-se de uma afirmação tão óbvia que sequer requeria justificativa. A comunidade judaica, tal como descrito sobre o judeu subversivo, é vista como uma entidade a parte que controla a sociedade por meio do poderio econômico. Após reclamações, o site retirou a passagem e acrescentou um breve pedido de desculpas.[3]

Analisando a conexão dos judeus (por parte de antissemitas) a uma Modernidade destruidora de uma suposta ordem tradicional, muitos nacionalismos viram nos judeus um cosmopolitismo inaceitável. Surge daí uma acusação dos judeus como detentores de uma "dupla lealdade" conflituosa, ao seu país e ao judaísmo. O caso Dreyfus, na França da virada do século XIX para XX, foi talvez a expressão mais famosa dessa acusação. A partir da fundação do Estado de Israel, em 1948, tal imputação redobrou força, já que o lado "judaico" dessa suposta dupla lealdade fora materializado em um Estado. Assim, judeus, mesmo que não israelenses ou sem qualquer vínculo com o país, passaram a ser acusados de serem mais leais a Israel do que ao seu país de nacionalidade. Em 2016, o site Portal Vermelho publicou um texto de título "Os dedos de Israel e dos Estados Unidos no golpe". A acusação não vem acompanhada de provas nem sequer explica qual seria o interesse israelense na política brasileira. Para o autor, "poucos se atentaram ao fato de que Israel passou a controlar com seus sionistas três setores-chave do governo golpista: a Defesa (Raul Jungmann), a Inteligência (Sergio Etchegoyen) e o Banco Central (Ilan Goldfajn)". No entanto, o texto não aponta nenhuma ligação dos então ministros com Israel a

_Disponível em: <https://www.diariodocentrodomundo.com.r/higienopolis-disse-sim-ao-panelaco-eis-uma-pessima-noticia-para-bolsonaro/>

não ser os sobrenomes "sugestivos" – a título de curiosidade, Jungmann e Etchegoyen não são judeus, enquanto Goldfajn o é, inclusive israelense, mas se mudou ainda jovem para o Brasil e não mantém vínculos atestados com o governo israelense. O texto foi retirado do ar.[4]

A transposição da acusação de conspiração mundial dos judeus para Israel – a qual não deve ser confundida com a oposição legítima a políticas de governo ou de Estado – pôde ser observada também quando da acusação de que os socorristas israelenses enviados para auxiliar nos trabalhos após a tragédia de Brumadinho em 2019 teriam interesses ocultos no Brasil.[5] Em agosto do mesmo ano, o tema da "dupla lealdade" se fez presente na política estadunidense. A deputada do partido democrata Ilhan Omar acusou ativistas e legisladores pró-Israel de lealdade a um país estrangeiro. Pouco depois, o presidente Donald Trump (partido republicano) acusou de deslealdade justamente os judeus apoiadores do partido democrata. Se para Omar os judeus estavam sendo desleais aos Estados Unidos, Trump esperava que fossem mais leais a Israel, demonstrando que vê nos judeus, embora espere que sejam seus aliados, elementos estrangeiros. Omar se desculpou pelas declarações. Trump não.[6]

Essas permanências acabam invariavelmente recaindo em teorias conspiratórias, das quais a mais conhecida são *Os protocolos dos sábios de Sião*. Se a menção explícita se tornou mais rara, seus princípios seguem circulando, como na acusação de que os judeus estariam por trás da pandemia de Covid-19[7] – o que, tal como em outros casos, serve também para desviar o foco do combate falho por parte de

[4] Disponível em: <https://blogs.oglobo.globo.com/ancelmo/post/artigo-de-site-ligado-ao-pcdob-revolta-comunidade-judaica-no-bras.html>.
[5] Disponível em <http://institutobrasilisrael.org/colunistas/milleni-freitas/geral/exercito-de-israel-em-brumadinho-antissemitismos-velados-e-explicitos>.
[6] Disponível em: <https://www.conib.org.br/trump-diz-que-os-judeus-que-votam-em-democratas-mostram-grande-deslealdade/>.
[7] Disponível em <https://www.opendemocracy.net/pt/democracia-abierta-pt/onde-antissemitismo-pode-atingir-mundo-apos-pandemia/>.

ANTISSEMITISMO, alguns governos. O mais comum é que estas teorias conspiratórias se utilizem das acusações antes levantadas: o poderio financeiro, o comunismo e o moderno cosmopolitismo. O avanço da extrema-direita mundial em anos recentes trouxe à tona a ideia de que os judeus teriam interesses escusos além das fronteiras nacionais, e que se utilizariam do poderio financeiro para implantar o comunismo. Em sua versão contemporânea, a ameaça de subversão – que inclui, mas abrange diversas questões além do antissemitismo – tem sido chamada de "globalismo" e, não por acaso, teria como um de seus supostos líderes, dentro da lógica conspiratória, o magnata húngaro e judeu George Soros.[8] No Brasil, essa ideia tem chegado sobretudo por meio do autointitulado filósofo Olavo de Carvalho e de seus seguidores, para quem os "judeus fazem parte do que ele chama de Consórcio, uma inexistente organização 'globalista' composta por 'grandes capitalistas e banqueiros internacionais, empenhados em instaurar uma ditadura mundial socialista'".[9]

Esta breve análise não pretende esgotar o assunto, mas demonstrar que a noção do judeu como alguém com interesses ocultos, aparentemente contraditórios e perigosos, como um elemento alienígena e ao mesmo tempo membro da sociedade, o que leva a entendê-lo como subversivo (de praticamente qualquer ordem social possível), é uma ideia que possui uma historicidade própria e ainda se faz presente. Embora na atualidade os judeus sofram menos com sua materialização do que no passado (e do que outros grupos oprimidos), identifica-se um imaginário que permanece, pronto para entrar em cena quando chamado.

8_Disponível em: <https://www.bbc.com/portuguese/internacional-49657144>.
9_Disponível em: <https://theintercept.com/2019/11/22/olavo-odio-a-judeus/>.

Referências Bibliográficas

i. DUBY, Georges. *As três ordens ou o imaginário do Feudalismo*. Lisboa: Editoral Estampa, 1994.

ii. SCHMITT, Jean-Claude. "A história dos marginais". In: LE GOFF, Jacques (org). *A história nova*. São Paulo: Martins Fontes, 2001.

iii. LÖWY, Michael. *Redenção e utopia: o judaísmo libertário na Europa Central*. São Paulo: Companhia das Letras, 1989.

iv. KRAUSZ, Luis Sérgio. *Santuários heterodoxos: subjetividade e heresia na literatura judaica da Europa Central*. São Paulo: Edusp, 2017.

v. HOBSBAWM, Eric. "Virtudes da diáspora". Disponível em: <http://www.chazit.com/cybersio/artigos/hobs.html>.

vi. ATTALI, Jacques. *Os judeus, o dinheiro e o mundo*. São Paulo: Futura, 2002.

vii. BRAUDEL, Fernand. *O Mediterrâneo e o mundo mediterrânico Vol. II*. Santelmo: Martins Fontes, 1984.

viii. MIRSKY, David. "The Fictive Jew in the Literature of England, 1890-1920". In: APPEL, Gersion; EPSTEIN, Morris; LEAF, Hayim (eds). *Samuel K. Mirsky Memorial Volume*. New York & Jerusalem: SURA, 1970.

ix. LÖWY, op. cit.

x. GIRARDET, Raoul. *Mitos e mitologias políticas*. Trad. Maria Lúcia Machado. São Paulo:Companhia das Letras, 1987.

xi. HITLER, Adolf. *Minha luta*. São Paulo: Moraes, 1983, p. 11.

xii. SORJ, Bila. Antissemitismo na Europa hoje. Novos *estud.* – CEBRAP [online], nº 79, 2007, p. 97-115. Disponível em: <https://www.scielo.br/pdf/nec/n79/05.pdf.>

xiii. WISTRICH, R. *A Lethal Obsession: Anti-Semitism from Antiquity to the Global Jihad*. Londres: Random House, 2010.

ANTISSEMITISMO,

"

É preciso qualquer coisa no mundo que nos faça imaginar o outro e é só jogar esse pequeno jogo em que nos colocamos esta pergunta: vamos supor que eu sou ele, ou ela ou eles. O que sentem? O que querem? De que têm medo? [...] Acredito que se um ser humano for curioso, imaginativo e tiver algum sentido de humor, talvez seja imune ao fanatismo; talvez consiga desenvolver os antídotos contra o fanatismo."

AMOS OZ _ em entrevista para *Ipsilon*
https://www.publico.pt/2018/10/11/culturaipsilon/entrevista/ja-viu-um-fanatico-com-sentido-de-humor-1846545

TODOS SOMOS ÍNDIOS, TODOS SOMOS QUILOMBOLAS, TODOS SOMOS LGBTQI+

Betty Bernardo Fuks

Betty Bernardo Fuks _ Psicanalista. Doutora em Comunicação e Cultura (UFRJ). Professora do Programa de Pós-graduação em Psicanálise, Saúde e Sociedade da Universidade Veiga de Almeida (RJ). Autora de *Freud e a judeidade*: a vocação de exílio (Zahar, 2000); *Freud e a Cultura* (Zahar, 2003); *O homem Moisés e a religião monoteísta*: o desvelar de um assassinato (Civilização Brasileira, 2014)

ANTISSEMITISMO,

Sem o sentimento de ser parte da comunidade dos ameaçados eu seria um fugitivo da realidade que abandona a si mesmo. JEAN AMÉRY, 2013

Nada mais atual do que a última obra de Sigmund Freud, O homem Moisés e a religião monoteísta: três ensaios (1939),[1] para pensar o renascimento do antissemitismo e outras formas de xenofobia em nossa época. Em plena escalada nazista, Freud, numa operação de leitura à moda talmúdica, isto é, navegando pelas letras e brancos do Antigo Testamento, priva "um povo do homem a quem enaltece como o maior de seus filhos",[2] provocando, como previu, a ira de muitos judeus e até mesmo do clero católico. Entretanto, o esforço em levar às últimas consequências o que havia percebido ao longo da construção de sua teoria, "o eu não é nem mesmo senhor de sua própria casa", induziu o criador da psicanálise a desmistificar o ideal da identidade como propriedade de uma origem pura, coesa e permanente, veiculada pelo Terceiro Reich, e contrapôs a ideia de que a identidade de um povo advém do Outro, da alteridade.

"Moisés, o egípcio", título do primeiro ensaio da referida obra, é uma reflexão sobre a condição de estrangeiro do sujeito, do conjunto deles e sobretudo no que define este conjunto politicamente: um povo.

A "desconstrução" da figura bíblica de Moisés vinda de um pensador que jamais negou sua pertença ao povo judeu, chegando a reconhecer, em um de seus mais importantes textos, não ter sido por mero acaso que "o primeiro defensor

[1] S. Freud, O homem Moisés e a religião monoteísta: três ensaios, Porto Alegre: L&PM, 2014. Doravante farei referência ao livro como O homem Moisés ou Moisés no corpo do texto e nas notas.
[2] Ibid., p. 33.

da psicanálise tenha sido um judeu", pelo fato dessa nova disciplina exigir "determinado grau de aptidão a aceitar uma situação de oposição solitária, situação com a qual ninguém está mais familiarizado do que um judeu"[3] – sugere um laço especial entre a construção da judeidade de Freud e o estabelecimento da psicanálise enquanto prática da diferença, do não idêntico.

Independentemente das tradições culturais e religiosas do judaísmo, o inventor do método psicanalítico mostrou, com a escrita de sua obra derradeira, que a identidade exige do sujeito, individual e coletivo, construí-la permanentemente. É certo que esse enfoque, estabelecido ao longo da obra freudiana, terminou por dinamitar a concepção essencialista da subjetividade, o que me autoriza sustentar o argumento de que a identidade judaica só tem lugar se efetivamente se transporta em direção à alteridade.

JUDEIDADE E RESISTÊNCIA À DESTRUIÇÃO DO OUTRO
Embora se reconhecesse como judeu no fato de estar constantemente disposto a travar uma luta perpétua com a "maioria maciça" e "homogeneizada", fosse ela externa ou interna ao próprio judaísmo, Freud paradoxalmente sustentava ser da ordem do impossível definir tal identidade. Mesmo porque defini-la envolveria negar suas próprias percepções sobre o logro de qualquer identidade. Pode-se dizer que Freud inventou uma maneira absolutamente singular de praticar e demonstrar que tipo de judeu ele era, inclassificável dentro daquilo que, em seu tempo, e ainda no nosso, chama-se de judaísmo. Esse traço funda-

[3] S. Freud, Obr. completas vol. 1 p. 8.

mentalmente positivo na construção da judeidade teve participação direta na invenção da psicanálise, quer sob o aspecto da condição de estrangeiro de seu inventor, em que o próprio Freud, como dito acima, reconheceu poder sustentar melhor as resistências à psicanálise, quer sob a forma de um devir-judeu.[4]

A condição de estrangeiro de si mesmo do povo judeu é, em última instância, uma experiência de errância e diferenças. A narrativa freudiana sobre a origem do povo judeu começa arrolando as provas para demonstrar a tese da presença do Outro na história do sujeito. É possível defender esse argumento a partir de algumas das narrativas do Antigo Testamento, que evidenciam a experiência do devir: Abraão, o patriarca dos hebreus, natural da cidade de Ur, inaugura a experiência de errância e nomadismo, anterior a de qualquer sedentarização, do povo judeu. Partida sem retorno, de uma marcha sem fim: "Vai de ti, de tua terra, de teu nascimento, da casa de teu pai, rumo à terra que te farei ver." (Gênesis, 12:1) O êxodo de Abrão, uma vez iniciado, tornou-se um aprendizado de alteridade, isto, é uma experiência de diferenças.

Em outra narrativa, a história de Ruth, a moabita, matriarca da realeza judaica, encontram-se as marcas de descentramento radical de um povo. Ruth subjaz ao que existe de mais exterior e de mais íntimo no povo judeu: uma estrangeira que ganhou o direito de entrar para a história judaica como ancestral do rei David, de cuja linhagem nascerá o Messias. Vale também lembrar que o episódio bíblico "Jacó e Esaú" aponta para a relação de estranheza do homem bíblico consigo mesmo. Sob vários aspectos, como escreveu o filósofo Emmanuel Lévinas, Jacó celebra a "urgência do destino que leva a outrem e não ao eterno retorno sobre si".[5] Na incessante batalha pela bênção divina, diz a tradição que aquilo que tornou possível a Jacó suportar, em sua luta com o anjo, a violência do estrangeiro, foi o dom da palavra como instrumento de combate do homem consigo mesmo.

Penso que com essas indicações, e servindo-me do reconhecimento feito pelo próprio Freud em sua autobiografia[6] sobre a influência da absorção precoce da história bíblica em sua formação intelectual, posso ressaltar que mesmo alheio à religião de seus pais, bem como a todo o ideal nacionalista, o criador do conceito de inconsciente soube designar com precisão o ponto de corte que escolheu fazer com o judaísmo enquanto conjunto de práticas religiosas. Por outro lado, observo também que lhe faltaram palavras para designar com precisão essa marca que jamais deixou de lhe interrogar e acossar: no prefácio à edição hebraica de *Totem e tabu*, reconheceu que depois de ter abandonado a religião de seus pais, aquilo que lhe restava de judeu era "provavelmente a própria essência". E continuando escreve: "Justamente esta essência foi o suficiente para tornar irresistível a atração do judaísmo e dos judeus e para fortalecer muitas forças sombrias emocionais, por pouco que elas fossem expressáveis por palavras."[7]

Nesse quadro de busca permanente de um outro em si mesmo se inscreve a expressão da judeidade de Freud em seu êxodo permanente de qualquer identidade fixa e imutável, espelhada numa mimética religiosa ou, o que dá no

5_E. Lévinas, *Quatre lectures Talmudiques*, 1968, p. 105.
6_S. Freud, "Presentación autobiografica" *Obras completas* vol. 20, 1976 [1925].
7_Ibid., p. 9.

ANTISSEMITISMO, mesmo, nacionalista. Sinal de adesão à ética judaica como prática milenar de outridade.

Essa mesma prática permite, por exemplo, a Isaac Bashevis Singer, no final do romance *O solar*, dizer através de uma de suas personagens: "Posso negar a existência de Deus, mas não posso deixar de ser judeu, por mais contraditórias e estranhas que sejam essas palavras."[8] Esse é o ponto no qual a judeidade pode vir a transcender a religião: na autonomia do sujeito frente a heteronomia da lei. Existe uma sucessão de declarações próximas as de Freud e a de Singer e dentre elas recolhi a de Amos Oz pela exatidão das palavras que escolheu para dizer de que modo a judeidade se impõe como expressão do devir: "É judeu quem é suficientemente louco para admitir que é judeu. Não está no sangue ou na língua."[9] Em suma, na não coincidência de si consigo mesmo, o judeu, como observou Jacques Derrida, "por se fazer mais judeu e menos judeu do que o judeu (..); a identidade do judeu consigo mesmo talvez não exista. Judeu seria o outro nome da impossibilidade de ser ele próprio".[10]

E aqui retomo a obra *O homem Moisés*, tendo como norte de minhas reflexões a passagem de uma carta de Freud a seu filho Ernst, alguns dias depois da anexação político-militar da Áustria por parte da Alemanha: "Por vezes, me comparei ao velho Jacó, que seus filhos levaram, também, em idade avançada para o Egito. Esperemos que não se seguirá, como outrora, uma fuga para o Egito. Já é tempo que *Ahashverus* encontre descanso em alguma parte." Sabemos que o descanso não ocorreu. Na travessia Viena-Londres, o velho sábio finaliza, à luz da própria expe-

8_I.B. Singer, *O solar*, 1984, p. 428.
9_Amos Oz, entrevista para o jornal *O Globo*, Rio de Janeiro, de junho, 1994.
10_J. Derrida, *Escritura e diferença*, 1967, p. 55.

riência de judeu ameaçado de morte pelo terror nazista, a teoria psicanalítica sobre a intolerância. Nesse momento, a obra *O homem Moisés e o monoteísmo* se transforma no emblema do pensamento freudiano sobre o horror à alteridade no mundo moderno.

Tendo tomado como ponto de partida da escrita de *Moisés* um assunto que reconheceu como bastante familiar, Freud escreveu, em 1934, a Arnold Zweig: "Em vista das novas perseguições volto a perguntar, como foi que nasceu o judeu e por que atrai sobre si um ódio inextinguível?"[11] Entretanto, no ponto em que mais se aproxima da resolução do enigma do ódio ao judeu, Freud leva o leitor a compreender que a questão endereçada a Zweig alcançara um escopo maior: o universal do horror à diferença que habita a alma humana. Metáfora do excluído, a figura do judeu em *Moisés* expõe a verdade da rejeição feroz ao outro odiado.

À medida em que se avança na leitura da obra percebe-se a tentativa da escrita de Freud em desvelar para o leitor o ideal racial imposto pelos nazistas ao povo alemão, à custa da eliminação dos restos não ajustáveis ao projeto de uma sociedade sem Outro.

Compreender o ódio ao outro por pequenas disputas através do paradigma do judeu, o ancestral estrangeiro das massas, foi, sem dúvida, um dos motores da escrita da obra de 1939. Anteriormente, em *O mal-estar na cultura*, Freud havia reconhecido que na Modernidade o antissemitismo fomentou a segregação do judeu, constituindo-o como um dos não-identicos da massa nacional socialista. Em *Moisés* essa tese é ressaltada: o sentimento de comunidade das

[11] S. Freud e A. Zweig, *Correspondência Freud-Zweig*, p. 98. (Carta a Zweig, 30 de julho de 1934).

ANTISSEMITISMO,

massas exige a hostilidade para com os não idênticos para legitimar o poder de dominação do líder que mantém a coesão. Realocando a discussão sobre o antissemitismo no registro da *noção das pequenas diferenças* enquanto efeito direto de uma lógica segregacionista, Freud reconhece que "os judeus não são, em princípio, fundamentalmente diferentes dos povos que os acolhem: o espantoso é que a intolerância das massas se exterioriza com muito mais intensidade frente às pequenas diferenças do que frente as diferenças fundamentais".[12]

Em um movimento como o nazismo, que possuía centenas de milhares de membros, pode não ser especialmente surpreendente descobrir que o ódio antissemita não passou de um produto direto daqueles que foram "mal batizados",[13] isto é, dos cristãos que não puderam experimentar a vivência histórica da redenção, pois foram convertidos ao cristianismo, mais tarde, por força da "coação sangrenta". Essa é uma das teses sustentada por Freud, certamente embasada na ideia de que acontecimentos sofridos que não encontram uma via da elaboração adequada, buscam expressão na atuação mimética contra o outro. Era voz corrente entre historiadores e críticos da cultura, quando da escrita de *O homem Moisés*, que havia uma rejeição básica, por parte dos nazistas, tanto ao cristianismo quanto ao judaísmo. Freud endossou essa visão, mas mostrou que o tratamento hostil do nacional-socialismo ao cristianismo não se dava na mesma medida que o endereçado a seu inimigo radical, o povo judeu. Historicamente, a ideia da divindade de Cristo e o relato do seu

12_Sigmund Freud, *O homem Moisés*, p. 132.
13_Idem.

sacrifício custou caro aos judeus, que foram acusados de ter assassinado Deus. Acusação essa que moldou muitos dos discursos acusatórios e persecutórios que recaem sistematicamente sobre aqueles que ainda seguem a religião judaica.

Entre as diferenças que fazem do judeu o estrangeiro do outro, Freud considera que o fato da religião mosaica, em princípio, não produzir ilusões conciliatórias acerca da vida e da morte, condenou-a, definitivamente, à intolerância. Uma religião inquietante. A convicção de ser o escolhido de Deus elevou a autoestima e confiança ao povo de Moisés. Por outro lado, essa mesma fantasia se tornou um dos alvos privilegiados de ataque ao judeu. Introduzida estrategicamente pelo grande homem e suprimida no cristianismo, ela é, de acordo com o que lemos em *O homem Moisés*, uma fonte inesgotável de ciúmes e inveja doentios por parte daqueles que acreditam haver uma verdade material nessa reinvindicação.

O discurso de Hitler confirma a interpretação freudiana: "Não pode haver dois povos eleitos; somos nós o povo de Deus."[14] Essa frase desnuda o fato de que o ciúme que em sua essência não representa uma identificação (Lacan, 2003), pode ser transformado, bem rápido, numa fonte de racismo. No mundo totalitário em que a lei tornou-se um instrumento de violência cultural, a Solução Final foi o procedimento que o nazismo encontrou para garantir o próprio delírio de eleição divina e, ao mesmo tempo, precaver-se do perigo de não ter roubado seu território, seus empregos, sua riqueza e suas mulheres pelo outro.

14_Adolf Hitler. Citado por Jean-Jacques Goux, p. 54.

ANTISSEMITISMO,

O ÓDIO LEVADO AO PAROXISMO

Por fim, na série de motivos do ódio ao judeu encontra-se o costume da circuncisão, outra particularidade irredutível na religião do pai e proscrita na religião do filho, em nome da garantia do amor de Cristo: "Eis que eu, Paulo, vos digo que, se vos deixardes circuncidar, Cristo de nada vos aproveitará." (Gálatas, 5:2) Na Modernidade a imagem do pênis circunciso, considerado alterado e danificado, tornou-se o centro da definição de judeu. A maioria das fantasias, que mais tarde forneceram as bases da propaganda nazista contra o judeu, giravam em torno da ideia de que a circuncisão era um processo de feminização do homem. De uma maneira geral, o pânico da feminização correspondia ao horror de sua judeização. Assim, feminilidade e judeidade, duas figuras de alteridade que assombravam a Viena de Freud, serviram de esteio ao discurso antissemita do manifesto político de Hitler, *Mein Kampf*: "A emancipação feminina é uma invenção dos judeus e a mulher foi aquela que introduziu o pecado no mundo."[15] Historicamente a emancipação da mulher ocorrida no decurso do século XIX, ainda que constantemente precária e frequentemente questionada, provocou o surgimento do antifeminismo, calcado no tradicionalismo e em questões morais ligadas ao estatuto social da mulher. Já o discurso médico-social da cultura austríaca abalou os alicerces da emancipação político-social dos judeus.

No campo da filosofia, é na escrita de Otto Weininger que feminilidade e judeidade aparecem em estreita relação, fazendo precisamente da mulher e do judeu o espírito mesmo da Modernidade, e da sexualidade seu valor

[15]_Adolf Hitler, ado por Cristine ci-Glucksmann, 1984, p. 56.

supremo. A proposta de um elo indissolúvel entre feminilidade e judaísmo era bastante conhecida entre os intelectuais vienenses *fin de siècle*. Freud, redigindo o caso clínico do *Pequeno Hans*, lembra, numa nota de rodapé, as ideias de Weininger ao se referir à raiz do antissemitismo e do antifeminismo ao complexo de castração "pois já no quarto das crianças, o menino ouve dizer que cortaram algo no pênis dos judeus – um pedaço do pênis, pensa ele –, e isso lhe dá o direito de desprezá-lo".[16] Em *O homem Moisés*, o autor volta ao tema designando a circuncisão como um dos traços que funda a estranheza do outro, porque lembra a ausência ou a privação, e desperta estranhamento, já que a marca da circuncisão faz com que o incircunciso se depare com a falência do ideal da virilidade sem perdas.

Desde então a psicanálise formula, em sua linguagem específica, um tema central da teoria crítica do final do século XIX e começo do século XX: a raiz inconsciente mais forte para o sentimento de superioridade sobre o judeu e a mulher é a diferença sexual. Sob a sombra dessa realidade discriminatória e generalizada, longe de fazer apenas uma analogia entre o judeu e o feminino, Freud insistiu em demonstrar que a vivência sinistra diante da circuncisão é homóloga à impressão inquietante causada pelo sexo da mulher. Ambas provocam um horror determinado: o horror à castração. E quando em psicanálise nos referimos a esse tipo de aversão, entramos no campo da angústia, signo do colapso de todos os pontos referenciais de identificação que o contato com a diferença causa. E se a diferença pode estar em qualquer lugar, bastando que

16_Sigmund Freud, *Obras completas, vol.* p. 32.

ANTISSEMITISMO, o real do outro se manifeste como estrangeiro, quanto mais o discurso se exercita no sentido da uniformização, tanto mais o disforme tende a se manifestar. O princípio de unidade que prescinde do exterior leva o ódio ao paroxismo, à eliminação do outro.[17]

À luz do que precede seria interessante abordar, ainda que rapidamente, uma outra fonte de ódio ao outro que determinou a segregação de homens e mulheres durante o regime nazista: o homossexualismo. Desde o final do século XIX, a aversão aos homens e às mulheres cuja escolha por diferentes posições libidinais, que não as determinadas pela anatomia dos sexos, foi o fio condutor da patologização da homossexualidade, considerada uma alteração sexual. Mas não foi apenas isso: o famoso parágrafo 175 do Código Civil da Alemanha criminalizou as relações homossexuais baseando-se, justamente, nesse diagnóstico de doenças de seres inferiores e degenerados.

No alvorecer do século XX, Freud contrapôs ao ideal da relação sexual marcada pela anatomia do sexo, um outro olhar: o homem é um animal pulsional, ou seja, movido por uma força constante em direção a um objeto faltoso. Desde então o mestre vienense empenhou-se em mostrar que há um real do sexo inabordável pelo simbólico sobre o qual a cultura tenta urdir a complementariedade entre os dois sexos. Nada poderia ilustrar melhor essa ideia do que a própria cultura nazista que, na tentativa de tornar verdade absoluta a fantasia de atração entre sexos opostos, edificou uma fábrica de extermínio de alteridades. O Nacional Socialismo, de mãos dadas com a ciência, arrastou ao paro-

17_C. Koltai, *Totem e tabu: um mito freudiano*, 2010.

xismo o horror a outras versões da sexualidade humana que não aquela cientificamente "normal". Entre as denúncias que Freud fez a esse conluio "cientificista" com vistas a anular a diferença sexual, o real em jogo na sexualidade, há uma passagem em *O homem Moisés* bastante contundente: "Vivemos numa época particularmente curiosa. Descobrimos com espanto que o progresso selou uma aliança com a barbárie."[18]

O que interessa aqui ressaltar é que todo o desenvolvimento teórico do fenômeno de intolerância ao outro em *O homem Moisés* ilumina com cores fortes a declaração de Freud ao jornal vienense *Die Zeit*, em 27 de outubro de 1903, três anos depois de fundar a psicanálise:

> A homossexualidade não é algo a ser tratado nos tribunais. Eu tenho a firme convicção que os homossexuais não devem ser tratados como doentes, pois tal orientação não é uma doença. Isso nos obrigaria a qualificar como doentes um grande número de pensadores que admiramos justamente em razão de sua saúde mental [...]. Os homossexuais não são pessoas doentes. Eles também não devem ser julgados por nenhuma corte de justiça.

Três décadas após essa entrevista, Freud assina um apelo ao *Reichstag* alemão junto com Arthur Schnitzler, Stefan Zweig, Hermann Swoboda e outros, para revogar a parte do código penal que havia transformado relações homossexuais em crime. A psicanálise, de fato, abriu as

18_S. Freud, *O homem Moisé* p. 89.

ANTISSEMITISMO, portas para se pensar novas formas de subjetividade, mais além da anatomia sexual, ao endossar que tal lei representa grave violação dos direitos humanos, porque nega aos homossexuais a própria sexualidade ainda que estrangeira à maioria.[19]

Entretanto, quando convidado a escrever numa coluna do jornal inglês *Time and Tide* sobre o antissemitismo, Freud ponderou que uma tomada de posição contra o antissemitismo e a favor do povo judeu deveria vir do outro da maioria. Preferiu declinar o convite. Essa é a mesma posição que encontramos em um pequeno texto das *Obras completas*, "Um comentário sobre o antissemitismo", escrito logo depois de ter decidido publicar seu *O homem Moisés* na Inglaterra. Se me fosse permitido sugerir uma interpretação para a decisão de não advogar em causa própria, em contraposição à petição assinada em favor dos homossexuais, diria que ela traduz uma posição ética em que a identificação ao outro excluído do laço social constitui uma estratégia de combate à barbárie. Émile Zola, um dos autores preferidos de Freud, teve essa atitude quando da escrita, no final do século XIX de "J'accuse" ["Eu acuso"], um texto veemente contra a perseguição racial que determinou a condenação arbitrária, injusta e sobretudo ilegal do capitão Dreyfuss, um oficial judeu do exército francês. Talvez Freud desejasse que ocorresse o mesmo na Europa do século XX. Mas isso é apenas uma suspeita.

De todas as formas, penso que encontramos na assinatura de Freud em favor dos homossexuais e em sua resposta negativa ao jornal inglês de se pronunciar sobre

[19]_Freud apud *Being Homossexual: Gay Man and their Developman*. A tradução do apelo foi publicada em "The Gay Right Freud" in *Body Politic*, nº 33 (1977). Disponível em: <http://archive.org/stream/bodypolitic34oro/bodypolitictoro_djvu.txt>.

o antissemitismo um paradigma da responsabilidade do sujeito pelo outro da diferença.[20]

Dito isso, podemos nos dedicar ao que foi anunciado no início do texto. Em meio à cada vez mais aguda crise contemporânea sociopolítica, O homem Moisés é uma ferramenta precisa para pensar o retorno atual do sentimento de horror ao outro portador da diferença. Se o texto freudiano reata um fio muito antigo da história do povo judeu, ao mesmo tempo em que aos poucos desvela o que se encontra em jogo no ódio ao judeu, então interessa é nos perguntar sobre a responsabilidade desse povo, que sofreu no século passado a experiência do extermínio de mais de 6 milhões de seus filhos, em se identificar irrestritamente com o Outro excluído.

Na vida particular de cada um, a invenção da judeidade como uma prática política de resistência à destruição do Outro, prática decorrente de uma posição ética, exige reconhecer a impossibilidade de se dizer sempre o mesmo. Fica então a questão formulada pelo poeta Edmond Jabés: "O que me autoriza a me considerar Judeu?" Pergunta impossível de responder em função da estranheza que o sujeito carrega em relação a si mesmo, mas que lhe permite reconhecer na narrativa do outro o real traumático da exclusão. "E te lembrarás de que foste escravo no Egito, eis porque te ordeno respeitar o estrangeiro." (Deuteronômino, 24:18)

Por esse viés me uno, para finalizar, à preocupação das organizadoras desse livro, Eliane Pszczol e Heliete Vaitsman, face às recentes manifestações antissemitas que nos levam a urgência ética de produzir pensamentos e

[20] Recorro aqui ao pensamento de Lévinas. A responsabilidade por outrem, o que está para além da imagem é, para esse filósofo, a estrutura primeira da subjetividade que emerge da interdição do assassinato do outro. Ou, o que dá no mesmo, da obrigação do sujeito em manter o outro vivo. Ética e Infinito, 1984, p. 87.

ANTISSEMITISMO, práticas capazes de desfazer os estereótipos que a política do ódio necessita para crescer. A literatura histórica da Segunda Guerra mostra que os estereótipos impostos aos judeus formaram parte do conjunto de mentiras para forjar o inimigo objetivo do Nacional-Socialismo. Já a Literatura de Testemunho do trauma do Holocausto revela a maneira pela qual alguns escritores, Primo Levi, Jean Améry e outros, a partir de uma operação de "alteridade interna que concerne à posição do sujeito em relação ao inconsciente, decorrente de uma implicação ética frente ao real traumático",[21] respondem a tais estereótipos fora do paradigma de vitimização. Nesse sentido, os testemunhos dos judeus sobreviventes do Holocausto podem ser tomados como expressão de judeidade implicada na transmissão do horror inominável que ameaçou e ainda ameaça a todo sujeito e comunidades no mundo.

    Acredito que o conceito de judeidade é uma das ferramentas mais efetivas de combate à destruição do Outro. Se a experiência de estrangeiro de si mesmo e do outro do povo judeu implica na impossibilidade do ser judeu, assim como o devir-mulher implica a noção da impossibilidade de um ser final, pois não há a mulher na qual o sujeito se transforme, então a judeidade é um meio de vencer as identificações impostas aos judeus por meio de clichês e mentiras desclassificatórias. Isso não significa que o devir outro seja uma exclusividade do povo judeu. Muito ao contrário, o devir outro é uma decisão ética de um povo que transcende, mesmo que pontualmente, as barreiras do etnocentrismo. Um exemplo comovente desse estado de coisas aconteceu

21_L. Freitas de Macedo, *Primo Levi: a escrita de um trauma*, p. 191.

por ocasião de um protesto antirracista do povo ateniense: o *slogan* "Todos somos ciganos" emprestava solidez corpórea à luta contra a destruição do Outro. O mesmo ocorre quando em uma posição mais firme contra o antissemitismo um outro povo reconhece o Holocausto como parte verdadeira da História e não apenas da história dos judeus, já que tal localização silencia sua significação: "Poderia ter sido eu a vítima" ou quem sabe, no futuro, "posso ser eu a próxima vítima".[22]

Essa hipótese – "posso ser eu a próxima vítima" – deveria, em princípio, convocar os judeus brasileiros a promover uma identificação com grupos étnicos e outros que, na atualidade, vêm sendo perseguidos politicamente e ameaçados de morte. "Todos somos índios." "Todos somos quilombolas." "Todos somos LGBTQI+." expressariam a anuência de um povo que sofreu a perda de seis milhões de filhos em função do terror nazista, em aderir ao paradigma da responsabilidade por Outrem. Tais *slogans* constituem gestos de identificação simbólica com todos os outros ameaçados em sua liberdade, seus direitos e sua existência física. Gestos que incorporam o reconhecimento da lei que funda a cultura: a proibição do incesto entre idênticos e o "não matarás".

[22]_Y. Stavrakak*
Lacan y lo politi
p. 189.

REFERÊNCIAS BIBLIOGRÁFICAS

AMÉRY, Jean. *Além do crime e castigo: tentativas de superação*. Rio de Janeiro: Contraponto, 2013.

BASHEVIS SINGER, Isaac. *O Solar*. Rio de Janeiro: Francisco Alves, 1984.

BUCI-GLUCKSMANN, Cristine. "Figures viennoises de l'alterité. Feminité et judaité". In *L'Écrit du temps*, n° 5, p. 56. Marie Moscovici e Jean-Michel Rey (orgs.) *L'écrit du temps*. Paris: Minuit, 1984.

DERRIDA, J. *A escritura e a diferença*. São Paulo: Perspectiva, 1967.

FREUD, Sigmund. "Analisis de la fobia de um niño de cinco años". *Obras Completas vol. 10*. Buenos Aires: Amorrortu Editores, 1976 [1909].

_____. "Totem y Tabu". *Obras Completas vol. 13*. Buenos Aires: Amorrortu Editores, 1976 [1913].

_____. "La resistências contra el psicoanalisis". *Obras Completas vol. 19*. Buenos Aires: Amorrortu Editores, 1976 [1925].

_____. "Presentación autobiográfica". *Obras Completas vol. 20*. Buenos Aires: Amorrortu Editores, 1976 [1925].

_____. *O mal-estar da cultura*. Porto Alegre: L&PM, 2010.

_____. *O homem Moisés e a religião monoteísta: três ensaios*. Porto Alegre: L&PM, 2014.

FREITAS DE MACEDO, Lucíola. *Primo Levi: a escrita do trauma*. Rio de Janeiro: Subversos, 2014.

FUKS, Betty Bernardo. *Freud e a judeidade: a vocação do exílio*. Rio de Janeiro: Jorge Zahar, 2000.

_____. *O homem Moisés e o monoteísmo – Três ensaios: o desvelar de um assassinato*. Rio de Janeiro: Civilização Brasileira, 2014.

GOUX, Jean-Jacques. *El inconsciente freudiano y la revolución iconoclasta*. Buenos Aires: Letra Viva, 1993.

KOLTAI, Caterina. *Totem e tabu: um mito freudiano*. Rio de Janeiro: Civilização Brasileira, 2010.

LÉVINAS, Emmanuel. *Ética e infinito*. Lisboa: Edições 70, 1984.

_____. *Quatre leçons Talmudiques*. Paris: Minuit, 1968.

STAVRAKAKIS, Yannis. *Lacan y lo político*. Buenos Aires: Prometeo Libros, 2007.

SINGER, Isaac Bashevis. *O solar*. Rio de Janeiro: F. Alves, 1984.

ANTISSEMITISMO,

"

A vizinha me cumprimenta gentilmente, *Bonjour, monsieur,* e eu ergo o chapéu, *Bonjour, madame.* Mas a *madame* e o *monsieur* estão separados por uma distância interestelar, pois a *madame* de ontem desviou o olhar quando eles levaram o *monsieur.* Pelas grades da janela da viatura policial que partia, o *monsieur* contemplava a *madame* como um anjo de pedra em um céu claro e duro, para sempre fechado aos judeus."

JEAN AMERY _ *Além do crime e castigo – tentativas de superação.*
Rio de Janeiro: Editora Contraponto, 2013, tradução Marijane Lisboa.

O CINEMA, AUSCHWITZ E A "SOLUÇÃO FINAL"*

Luiz Fernando Gallego

Luiz Fernando Gallego _ Membro da Associação de Críticos de Cinema do Rio de Janeiro e da Sociedade Brasileira de Psicanálise do Rio de Janeiro. Tem trabalhos sobre Psicanálise & Cinema publicados em diversos livros, como *Rouanet 80 anos: democracia, modernidade, psicanálise e literatura* (2016) e mais recentemente no e-book *Rostos de Bergman: vida e morte em um plano* (2020, Editora Puc-RJ)

* Versão revista e ampliada do texto publicado anteriormente no Jornal da Associação Scholem Aleichem de Cultura e Recreação (ASA).

1) Em 1963, dezoito anos depois da libertação de Auschwitz, foi através do cinema que tomei contato com uma parcela daquele horror em sua forma radical.

Eu devia ter 13 anos quando conheci o premiado filme *Julgamento em Nuremberg*, dirigido por Stanley Kramer. Minha curiosidade ao ir vê-lo estava ligada aos prêmios recebidos e ao elenco de atores famosos. Acho que eu tinha alguma ideia de que abordava crimes nazistas, mas só tinha vagas informações do que havia sido o nazismo: talvez a repercussão do "caso Eichmann", entre os anos 1960 e 1962, tenha me propiciado os primeiros dados sobre o que havia acontecido com os judeus na Europa poucas décadas antes do meu nascimento. Mas, vendo o filme, fiquei perplexo com a inserção de breves trechos de cenas reais,[1] filmadas quando da libertação dos campos, no que era um filme de ficção (pois o "julgamento" encenado nas três horas de duração do filme de S. Kramer é uma construção ficcional – ainda que baseado em diversas ocorrências reais que foram retrabalhadas no roteiro).

Foi essa filmagem de poucos minutos, projetada "dentro" de um filme de ficção de 186 minutos, que suplantou, aos meus olhos, em impacto trágico, todo o restante do que vi. Muito mais do que as cenas dramáticas do hábil enredo de *Julgamento em Nuremberg*, as imagens filmadas dos corpos amontoados e sendo empurrados por uma escavadeira rumo a uma cova comum me deixaram ansioso de ter um "porquê" àquela visão inqualificável em palavras.

1_Essas cenas foram filmadas pelo diretor hollywoodiano George Stevens, um dos cineastas que se alistaram, tão logo os Estados Unidos entraram na Segunda Guerra, com o propósito de filmarem cenas documentais no propaganda antinazista e ulgação da luta contra o Eixo. continuação na página 72)

2) Em 2014, no texto de apresentação do autor do documentário *Shoah*, Claude Lanzmann, para a edição brasileira de seu filme em DVDs que somam 9 horas e meia, li que a pergunta "Por que matar judeus?" traz "uma obscenidade absoluta no intento de compreender. **Não compreender** foi minha regra inamovível ao longo de todos os anos da realização de *Shoah*: agarrei-me a essa recusa como a única atitude possível, ao mesmo tempo ética e prática". Manter tal "cegueira era condição vital da criação" – "Cegueira" deveria ser entendida como "enxergar da maneira mais pura, o único meio de não desviar o olhar de uma realidade que é literalmente cegante".

Lanzmann recorre a Primo Levi quando este relembrou que um guarda da SS ensinou-lhe a regra de Auschwitz: "**Não existe porquê**." – e este cineasta a seguiu na realização de seu documentário de 570 minutos sem nunca recorrer a imagens de arquivo como as que eu havia visto há mais de cinquenta anos no filme de Stanley Kramer.

O "porquê", na opinião de Lanzmann, cairia em "intermináveis futilidades acadêmicas e truques baixos que essa pergunta costuma suscitar" e, por isso, sua ideia foi lidar apenas com as falas de sobreviventes, testemunhas, e até mesmo guardas dos campos, todos filmados na época em que realizou o filme, lançado em 1985.

3) Mas não sei se Lanzmann teria tido a ideia de fazer *Shoah* tal como o realizou se, trinta anos antes, o diretor francês Alain Resnais não houvesse lançado *Noite e neblina* – com apenas meia hora de duração, no qual intercalava imagens de arquivo em preto e branco (muito mais imagens do que as utilizadas no filme de Stanley Kramer) com tomadas filmadas a cores nos locais onde os campos funcionaram, dez anos depois de libertados. O contraste entre a grama verde e renascida, com o negrume das cenas e fotos que mostravam como estavam os campos quando os aliados os encontraram, preservara seu impacto quando Lanzmann concretizou a proposta de *Shoah*.

Resnais já era um hábil documentarista, mas foi esse exemplar que abriu caminho para que ele realizasse, em 1959, uma ficção sobre Hiroshima, mais centrada no presente do que no passado da explosão atômica: um casal de amantes ocasionais, ela, francesa, e ele, japonês, discutem se ela poderia ter "visto" o que havia acontecido em Hiroshima. E ela dizia que havia visto imagens de arquivo nos museus; mas ele dizia que não, ela não poderia saber o que havia sido Hiroshima como símbolo de algo tão inimaginável, indizível, indescritível.

4) Lanzmann também considerou o que aconteceu nos campos como algo indizível: "...tive que lidar com a impossibilidade dos próprios sobreviventes de falar, de trazer à luz a impossibilidade de nomear: seu caráter inominável."

O que podemos questionar é se, em dezenas ou centenas de filmes sobre o assunto, o cinema pode dar conta de transmitir para quem não vivenciou "aquilo" (inominável) uma pálida ideia do que foi o horror burocratizado do nazismo: seja através de documentários feitos a partir da montagem de cenas filmadas na época; seja através de outro tipo de documentário (os que entrevistam e registram depoimentos de pessoas que estiveram lá); e seja, ainda, através de algumas hábeis reconstruções de obras ficcionais empenhadas com seriedade e responsabilidade. Para Lanzmann, a opção foi a segunda: "...só o ato de transmissão importa e nenhuma inteligibilidade, isto é, nenhum conhecimento, existe antes da transmissão que é o conhecimento em si."

5) Um antigo clichê diz que uma imagem pode valer mais do que mil palavras, privilegiando, por exemplo, a fotografia documental e o cinema. Numa época saturada de imagens por todos os lados (cinema, televisão, internet, revistas etc.) os antigos registros que vi em *Julgamento em Nuremberg*, lançado em 1961, e em *Noite e neblina*, de 1955, lançado em 1956, permanecem capazes de manter sua força? Ou ficaram banalizados em meio à enxurrada de outras tantas imagens de desgraças, guerras, morticínios, fome, doenças, pandemias...?

A imaginação, enquanto construção de imagens mentais e representação de coisas vistas anteriormente (ou mesmo apenas "imaginadas", criadas por nossas mentes quando mais férteis) é tão forte em nós que, mesmo durante o sono, continuam a se autofabricar em forma de sonhos "bons" ou de pesadelos.

Nesse sentido, o cinema, forma de arte mais nova e desenvolvida especialmente durante o mesmo século de Hiroshima e do nazismo, ocupou e, às vezes, mesmo sem o

ANTISSEMITISMO, mesmo prestígio, ainda ocupa um lugar especial no registro de nosso saber. "Conhecer", "saber" e "ver" são termos usados muitas vezes como análogos, mesmo que nem sempre correspondam de fato a um "saber" ou "conhecer". Por exemplo, no diálogo: "Você conhece Fulano?" "Sim, eu já o vi, sei como ele é". Mas o homem japonês do filme *Hiroshima, meu amor* dizia que a mulher francesa não havia visto "nada" em Hiroshima: museus, fotos, filmes, objetos calcinados, pessoas adoecidas pela radiação... nada disso significava que ela havia "visto", "conhecido", "sabido" o que foi Hiroshima. O mesmo se aplicaria a Auschwitz e outros campos?

O cinema e suas imagens de fatos reais e/ou ficcionais, com a pretensão de representar (reapresentar) tal realidade (como em *A lista de Schindler*, de Spielberg, 1993) não serviria para a "transmissão" do que foi "o inominável"? Tamanho horror seria irrepresentável?

Há vários caminhos na ampliação do conhecimento do que não vivemos, mas que podemos de alguma forma "experimentar" e talvez "vivenciar", ainda que de modo vicariante. E muitas vezes será uma ficção mais capaz de nos permitir até mesmo maior empatia com aquilo que nos é estranho – ou *era* estranho até o momento em que "experienciamos" o que outros viveram (sofreram) em suas peles.

Por outro lado, se *A lista de Schindler* nos transporta para o inferno em vida, um filme da rede HBO feito para TV, *Conspiracy*, de 2001, pode nos aproximar de como se deu a decisão pela chamada Solução Final: filmado praticamente em um único ambiente, como se fosse uma peça de teatro, tendo como personagens centrais Reinhard Heydrich e Adolf Eichmann, diferentemente do que acontece quando assistimos o filme de Spielberg, na reconstrução dessa reunião infernal e do que aqueles homens decidiram... não há como conseguirmos empatizar.

(continuação da nota 1 da página 67)
A respeito dessas filmagens, existe um documentário muito interessante disponível na Netflix de nome *Cinco que voltaram* [*Five came back*], uma minissérie de 2017 em três episódios com sessenta minutos de duração, em média, cada um. Quando o assisti, "emendei" um capítulo no outro. Baseando-se no livro de Mark Harris, lançado no Brasil pela editora Objetiva, em 2016, com o título *Cinco voltaram – Uma história de Hollywood na Segunda Guerra Mundial*, coproduzido por Spielberg e mais de vinte outros coprodutores, a minissérie retrata um pouco da vida de cinco diretores estabelecidos na indústria do cinema antes, durante e depois da guerra: John Ford, Frank Capra, John Huston, George Stevens e – o único judeu – William Wyler.

Cada um de cinco cineastas contemporâneos (Francis Ford Coppola, Guillermo del Toro, Lawrence Kasdan, Paul Greengrass e Steven Spielberg) comentam a carreira de cada um dos antigos diretores antes de se alistarem, o que fizeram na Guerra e como a experiência vivida se refletiu nos filmes que fizeram depois que retornaram.

O caso de George Stevens é bem interessante: eu pouco ou nada conhecia dos seus filmes antes da Guerra, sendo informado de que ele fazia muitas comédias. Depois da Guerra, só fez dramas, incluindo *O diário de Anne Frank*, em 1959.

Foi George Stevens quem filmou a libertação de Dachau. Consta que, na época, chegaram a perguntar a um hábil cineasta, Alfred Hitchcock, como o material bruto deveria ser editado. Hitchcock teria dito que não editassem nada, pois isso poderia dar margem a possíveis acusações indevidas de manipulação das imagens, como se não passassem de uma ficção montada por Hollywood. Se isto for verdade, é impressionante como se pôde antecipar que, mais tarde, pessoas de muita má fé acusariam tais documentos – inteiramente reais – de terem sido fabricados pela "fábrica de sonhos (ou pesadelos)" do cinema.

A filmagem de Stevens está registrada no site IMDb (International Movies Data base) no link <https://www.imdb.com/title/tt0247568/> com o título *Nazi Concentration Camps (1945)*.

A sinopse diz: "*Produced and presented as evidence at the Nuremberg war crimes trial of Hermann Göring and twenty other Nazi leaders.*"

Sobre o material, o National Center for Jewish Films assinalou: "*This film is the official documentary report compiled from over 80,000 feet of film shot by Allied military photographers in the German concentration camps immediately after liberation. The footage is a camp-by-camp record taken in order to provide lasting objective proof of the horrors the liberators witnessed. Some emphasis is also placed on the humanitarian work done in the camps by the liberators. Remarkably, the narration refers to the camp victims according to their country of origin only, and no mention of Jews is made*".

CURADOS AO SOL DE COPACABANA

Te imagino subindo num barco fugindo sem querer partir

Olhando pra quem te ama pela ultima vez

Virando a esquina de casa pra nunca, nunca mais voltar

Como se fosse possível deixar pra traz a vida que te fez

Por isso vou lembrar a verdade

Pra que o futuro não repita o passado, meu amor

Perdi o rumo das estrelas

Com a luneta embaçada de lágrimas

Estilhaçada pela dor

A luz do fim do Atlântico se iluminou e de presente nos deu

O céu de abril se coloriu e se vestiu das cores do Brasil

Pão de Açúcar, manga sobre a mesa

Bossa nova, feira, sorriso sem dentes

Biquini indecente

Curados ao sol de Copacabana

Tropicália, Jorge Mautner, minas, Niemeyer

ANTISSEMITISMO,

Sonhos de Darcy, Maracanã,
Gabeira, Erasmo

Bem, namoro cheirando a Jasmim

Nas madrugadas batucadas

Abrem súbitas estradas

De luz sonora em nosso coração

Cada nota musical é a luz celestial de
estrelas invisiveis

Dentro do céu de cada um de nós

Espasmos de luz, orgasmos azuis

Tanto tempo se passou

Mas tua história não vou esquecer

Uma em milhões

Outra obra-prima do sobreviver

Quando penso que tá tudo perdido
e estranho

Paro pra pensar

E beijo com olhos a terra que nos
deixou plantar

Meninos e meninas livres pra pensar

meninos e meninas livres pra inventar...
o futuro

Para sempre em meu coração as vozes e
os olhares dos assasinados nos campos de
concentração Buchenwald, Sobibor, Maidenek,
Belsen, Mauthausen, Auschwitz, Dachau, Treblinka

Filhos da guerra, curados ao sol de Copacabana

GEORGE ISRAEL

RESISTIR, SOBREVIVER E VIVER PARA CONTAR O HOLOCAUSTO: APONTAMENTOS, HISTÓRIAS, AFETOS

Sonia Kramer

Sonia Kramer _ Professora do Departamento de Educação da PUC-Rio. Doutora em Educação pela PUC-Rio, onde coordena o Curso de Especialização em Educação Infantil da PUC-Rio, o Grupo de Pesquisa sobre Infância, Formação e Cultura/INFOC, o Grupo Viver com *Yiddish* que desenvolve "Aprender e ensinar *Yiddish* como Resistência e experiência identitária", além de cursos e projetos culturais.

ANTISSEMITISMO,

A antessala

O convite para escrever um texto sobre antissemitismo sugeria possíveis lugares de fala: da vida diária; como professora; judia, filha de sobrevivente. Não parecia difícil. Tema relevante, que me afeta, sobre o qual leio e estudo, o antissemitismo é uma presença na minha história, e por conta dessa presença sou uma pessoa sensível a todo tipo de preconceito. Alunas/os, colegas de trabalho, amigas/os sabem que meu pai sobreviveu Auschwitz. Mas esse verbo (saber) tem para mim um significado particular, como mostro adiante. Contudo, apesar de ter sido assunto do dia a dia – meu pai contava o que passou nos vários campos – em nada me tornou acostumada; ao contrário, tornei-me atenta, inquieta diante de situações de humilhação, deboche, preconceito.

Para preparar o texto, começaram anotações de lembranças de menina e adolescente, apontamentos de observações cotidianas, reflexões. "Os judeus mataram Cristo", me disse um dia uma amiga do prédio, uns oito anos de idade, menina negra, família católica, classe média como a minha. "Judeu é muito inteligente", as palavras do diretor de uma escola de classe média alta, onde trabalhei durante os anos de faculdade, me soavam como falso elogio. Escritas na dedicatória de um livro, ecoavam ironia, inteligência vista como esperteza e acentuavam, na frase que continuava, a insegurança afetiva ou o sentimento de perseguição de todo judeu. Ainda jovem, estranhava o uso do verbo judiar em músicas como "Asa branca", sobressalto sentido por tamanha "judiação" e "judia de mim, judia" e, mais tarde na fala de professoras de certas regiões do Brasil, surpresas – como alunas/os se surpreendem até hoje – ao saberem da origem do substantivo ou do verbo. Outras formas de dizer – "Judeus não casam com católicos"; "Os judeus são todos ricos"; "Judeus são violentos, olha na Bíblia", apagam a diversidade e supõem uma uniformidade que não existe. Não há como se referir a judeus com pronome definido.

Essas expressões revelam estereótipos, modos de pensar e visões de mundo parciais, desconhecimento, pedaços, traços, fios ideológicos que circulam na língua e nas ações. Mas não as identifico como antissemitismo. Posso estar conceitualmente equivocada e me exponho à crítica. Como estereótipos, a antessala do preconceito, me colocam em estado de alerta. Contudo ficam distantes – felizmente – daquilo que minhas lembranças entrelaçadas às histórias de meu pai me ensinaram sobre antissemitismo. Nada dessas situações pontuais se assemelha nem se aproxima ao que ouvia de meu pai e de seus amigos; dos livros lidos e filmes que assisti, desde menina, sete anos de idade, até hoje.

Para falar de antissemitismo a partir da minha experiência e observação preciso falar do Holocausto. E trazer, de novo e mais uma vez, os relatos do meu pai.[1]

CHIALE KRAMER

Meu pai nasceu em Ostrowiec, a 170 km de Varsóvia. Sobreviveu ao Holocausto como escravo, dos catorze aos vinte anos de idade. Esteve em Buna, Oranienburg,

[1]_S. Kramer, "Resistir, sobreviver e viv para contar o holocausto", in E.C. Souza; A. Balassiano e A. Oliveira (Orgs.). *Escrita de si, resistência e empoderament* Curitiba: CRV, 2014, p. 39-53.

ANTISSEMITISMO,

Flossenbürg, Belzec, Auschwitz. No braço, B5.000. Estava no trem para Dachau quando a guerra acabou. Pesava 39 quilos. Único sobrevivente da família na Europa, morou na França até 1947 quando a Cruz Vermelha localizou irmãos que migraram para o Brasil nos anos 1920. Veio, apesar da proibição do governo Vargas. Apátrida, naturalizou-se brasileiro.

Sua autobiografia foi escrita na carne e nos sonhos, no café da manhã, almoço e jantar antes de dormir. "Só tinha sentido sobreviver se fosse para contar. Para que nunca mais se repita." Em 1997, a Fundação Spielberg ouviu 50 mil pessoas que atravessaram a morte. O depoimento de meu pai, gravado em *Survivors of Shoah* integra o acervo do *Yad Vashem*,[2] em Jerusalém, e do Museu do Holocausto, em Washington. O texto é escrito a partir desse relato e de histórias ouvidas por mim, marcada com a tarefa de contar "para que não se repita". Os acontecimentos são peças de resistência. Na direção contrária à dificuldade de quem sobrevive situações-limite, esquecimento e silêncio ocupando o lugar da fala, acentuo o poder da narrativa de histórias emudecidas que – aponta Walter Benjamin – arrancam a tradição ao conformismo que quer apoderar-se dela. Relatar o passado opressor torna possível acolher condições e expressões humanas com liberdade, essa ética necessária para mudar o futuro.

2_Museu do Holocausto, em Jerusalém, é o memorial oficial de Israel para brar as vítimas do Holocausto.

1. Memória e resistência

Diz Adorno: "Qualquer debate acerca de metas educacionais carece de significado e importância frente a essa meta: que Auschwitz não se repita." Segundo Benjamin, "a tradição dos oprimidos ensina que o estado de exceção é a regra". Posso aproximar essas falas da prática de meu pai quando, diante da pergunta "onde estão seus tefilim?"[3] feita por um primo numa cerimônia religiosa respondeu que "ficaram em Treblinka", onde nunca esteve e onde foram assassinados seus pais, meus avós que nunca conheci. Sua doçura, o sorriso combinado a um forte e repetido "que não aconteça nunca mais com ninguém" ensinaram a sentir a dor do outro.

Chialé[4] sempre falou de como sobreviveu. Contava como os outros o ajudaram dando-lhe sua comida por ser jovem e ter mais chance de sobreviver. Palavra dada pelo outro: sobreviva para contar; para que nunca mais se repita "é preciso que todos saibam".

"Os mortos não estarão em segurança se o inimigo vencer. E esse inimigo não tem cessado de vencer." O inimigo cala, persegue, discrimina, aniquila. O perigo está no silêncio que impõe à expressão de diferenças físicas, mentais, de orientação sexual, etnia, cultura, religião, gênero, o que me ajuda a compreender a fala do meu pai e seus diversos sentidos, e a escrever este texto, narrativa de professora, mulher, intelectual, filha de sobrevivente.

Para Benjamin, a história não é cadeia de acontecimentos, mas "catástrofe única, que acumula incansavelmente ruína sobre ruína e as dispersa a nossos pés". Esse anjo da história, cujas asas não podem ser fechadas, deve mover-se contra o progresso. Aos sobreviventes, aos que se opõem a que haja escravos, oprimidos, excluídos, a nós cabe

3_Plural de tefilá, "prece", em hebraico se compõe de duas caixas de couro presas a tiras, que contêm um pergaminho com quatro trechos da *Torá* (Pentateuco) em que se baseia seu uso. Em português, filactério.
4_O nome do meu pai – Szyja, em português – o fazia passar por situações engraçadas com ser chamado de Dona Szyja. Em *Yiddish*, pronuncia-se Chia, daí o apel no diminutivo: Chialé.

ANTISSEMITISMO, a responsabilidade de mudar o passado, contra o fatalismo que afirma que as coisas aconteceram como deviam, são como deviam ser, serão como se prenuncia.

Na direção contrária à regra, à ordem do progresso, a origem é o alvo. Tempo denso da experiência, como um salto de tigre ele se dirige à origem. Educar contra a barbárie exige este salto de tigre. Para romper a cadeia de ruínas da transmissão da cultura e explodir o *continuum* da história é preciso escutar as narrativas. Jejuar, reminiscência da história de meu pai, poderia ser um "agora" em que se infiltraram traços do messiânico? "Ninguém da nossa família deve jejuar. Já jejuei por toda a nossa descendência, por todas e todas as gerações." Não jejuar no Dia do Perdão se tornaria emblemático de uma vida reconstruída a contrapelo. Método, enfim, é desvio.

O passado é reminiscência, o presente é agora e o futuro é a porta estreita por onde pode entrar a qualquer momento o Messias. Mudar o presente significa mudar o futuro, abrir a porta e mudar o passado, para que nunca mais se repita. Mas sobreviver ao trauma não se reduz a escapar da morte. Como sobreviver, conservando a dignidade e a ética de um ser humano em um meio que os desumanizava? "Como construir uma narrativa, um passado que escapou àquele que o vivenciou, um domínio sobre a real causa do trauma, quando nos *ghettos* e nos *lagers* o sujeito se viu reduzido à condição de coisa?", indaga Kupferberg. A memória é o avesso do perigo de esquecer, de encobrir a narrativa que apresenta o triunfo dos vencedores, responderia Seligmann-Silva.

Todorov, ao analisar a vida moral nos campos daqueles que encaravam o extremo face a face, mostra que, nem heróis nem santos, eram pessoas comuns que mantinham sua dignidade apesar da despersonalização e da resignação. "Não há heroísmo em sobreviver", ouvi de meu pai muitas vezes "...e não precisamos que tenham pena de nós." "E como se sobrevive?", perguntei a ele um dia. E ouvi a resposta: "Por intuição."

A lucidez do relato do meu pai,[5] a lembrança de datas, nomes, endereços são indícios de que sobreviveu àqueles anos sem perder a consciência, diferente dos que, estraçalhados, foram submetidos a uma desorientação brutal. Mas como trazer sua narrativa, insinuando o horror sem explicitá-lo? "Quem pretende se aproximar do próprio passado soterrado deve agir como um homem que escava. Antes de tudo, não deve temer voltar sempre ao mesmo fato, espalhá-lo como se espalha a terra, revolvê-lo como se revolve o solo", diz Benjamin. Mostro então pedaços escavados desse solo.

A guerra estourou no dia 1º de setembro de 1939, sexta-feira. Lembro do dia. Na quinta-feira de noite entraram uns três tanques. Observaram para ver se ninguém atirava e no dia seguinte vieram tanques de todos os lados, cercando a cidade. Entraram e colaram nas paredes, em polonês e alemão, avisos de que quem saísse de noite ia ser morto. Logo depois começaram os trabalhos forçados. Meu pai teve a barba arrancada. Ele tinha barba grande, de religioso. Então

5_S. Kramer, Transcrição do Depoimento "Survivors of Shoah" (1'55''), 9/071997. Rio de Janeiro. O vídeo consta de: trinta minutos sobre a vida antes da guerra, sessenta minutos sobre guerra e deportação; trinta minutos sobre a vida depois da guerra e imigração para o Brasil. Ao final, a família foi chamada e apresentada por meu pai. Os 50 mil depoimentos colhidos encontram-se no Museu do Holocausto/Washington, Yad Vashem e Fundação Shoah que continua gravando relatos de sobreviventes de outros genocídios.

ANTISSEMITISMO,

resolveu se consultar com o rabino. Quando voltou para casa, guardou a barba num papel e guardou no armário. Quando morresse, deveríamos colocar a barba no túmulo.

A barba arrancada de meu avô que não conheci e que nunca teve túmulo habitou minha indignação de adolescente, alegoria da intolerância e do aniquilamento. "Quando começaram as deportações, ninguém sabia o que eram. Falava-se em Treblinka, mas ninguém sabia o que era Treblinka, *Oswiecim*.[6] Diziam que estavam matando nesses lugares, mas ninguém acreditava. Como poderia haver crematórios e câmaras de gás? Não entrava na nossa cabeça que se matava assim desse jeito."

A seguir, trabalho escravo:

> Para não me acontecer nada, minha família fez minha carteira de trabalho e eu só tinha dezesseis anos (mas em 1939 ele tinha 14). Fizeram a carteira como se eu tivesse dezoito, porque só aceitavam trabalhadores (na fábrica) com mais de dezoito (...) Saí de casa com um pedaço de *chalá* [pão judaico], para ir trabalhar de noite e voltar no dia seguinte. Quando cheguei na praça, vi muitas pessoas, todo mundo com mala, sacos de roupa, e eu com a roupa do corpo. A cidade estava às escuras porque desligaram a luz. Desligaram tudo e nós fomos para a fábrica.

6_*Oswiecim*, em alemão Auschwitz, situa-se na Polônia. Construída pela manhã nazista na Segunda Guerra, incluía os campos de extermínio de Auschwitz-Birkenau. Tem hoje cerca de 38 mil habitantes.

Gueto

Depois da deportação para Treblinka, em 1942, fizeram três ruas em volta do cemitério. Era isso que pertencia ao gueto. Quando voltamos da fábrica, depois de duas semanas, entramos no gueto. Minha antiga casa era perto e eu fui ver. Já tinha uma família de não judeus morando lá. A nova dona (...) até falou "pode levar o que quiser". Mas eu não levei nada, só pensei que alguém ainda poderia estar vivo, alguém poderia ter se escondido, mas não tinha mais ninguém.

"Fatos" – nada além de camadas que apenas à exploração mais cuidadosa entregam aquilo que recompensa a escavação.

Nesta época já se falava em Auschwitz, em polonês *Oswiecim*. E ninguém acreditava. Falavam que era o lugar em que colocavam pessoas na câmara de gás e depois queimavam os corpos. Mas ninguém acreditava, não entrava na nossa cabeça. Agora, depois de tantos anos, todos já se acostumaram com isso, que bateram, mataram e colocaram nas câmaras de gás. Mas no começo, ninguém acreditava. Como é que poderiam matar tantas pessoas por nada?

O sentimento de não acreditar retornava como se não fosse possível crer, embora as pessoas tivessem se acos-

ANTISSEMITISMO,

tumado. "Ficamos no gueto depois eles me cortaram da fábrica. Passei a ser ilegal. No começo de 1943, morávamos no gueto e eles construíram alojamentos perto da fábrica, para aqueles que trabalhavam lá. Iam liquidar o gueto."

Em 1941, antes do gueto, ainda morava em casa e meus pais ainda estavam vivos. Falaram que ia ter um discurso para curiosos que quisessem escutar; não disseram o que era. Quando chegamos, fomos cercados, levados até a estação de trem e para Lublin (...). De lá, nos mandaram para Belzec[7] (...) para onde precisavam de operários. A gente cavava e construía uma estrada.

[7] Belzec, à sudoeste de Lublin. No início dos anos 1940, os alemães fizeram campos de trabalho no distrito, fortificações na fronteira com a União Soviética, desmontados em outubro de 1940. O campo de extermínio com câmaras de gás e barracas foi construído de novembro de 1941 a fevereiro de 1942, para a morte de judeus, a quatrocentos metros da estação de trem de Belzec e quenta metros a linha de trem Lublin-Lviv.

A memória do que viria depois ressignificava o que tinha vivido antes. "Belzec não era um campo como Auschwitz. Dormíamos em alojamentos, era tudo no chão, não tinha cama ou beliche, nada disso. Belzec depois virou campo de extermínio, mas quando estive lá, era só cavar e consertar a estrada." Imagens desprendiam-se de suas conexões primitivas, como preciosidades nos sóbrios aposentos de um entendimento tardio, torsos na galeria do colecionador, diria Benjamin.

"Chamaram o nome 'Rosemberg' e eu corri. Vi que ele não estava e disse 'eu estou aqui'. Como ninguém se apresentou, eu era o Rosemberg." Liquidado o gueto em 1943, meu pai ficou no alojamento em Ostrowiec, "barracas grandes, quatrocentos em cada barracão, beliches de três. Fiquei até junho de 1944, quando nos levaram para Auschwitz".

Quando chegaram a Auschwitz, o trem ficou parado a noite toda, e eles no trem. Foram alojados no campo, no lugar de dois mil ciganos levados para o crematório. Número no braço B5.000. Assinaram papéis se declarando comunistas.

Eu nem sabia o que era comunista naquela época... E deram o uniforme listrado. (...) Assinamos muitos papéis. Não sei por que para sermos mortos precisávamos assinar tantos papéis, comenta com crítica e ironia fina. Campo de ciganos, arame farpado, nosso barraco, "Em que se trabalha aqui?". Aqui ninguém trabalha; aqui se morre queimado. A gente pensava que ele estava louco, que estava há muito tempo lá e enlouqueceu. "Como não se trabalha aqui?". "Não estão sentindo cheiro?", respondeu. "Está maluco?", perguntei. Infelizmente, logo depois, a gente soube que era crematório mesmo.

De Auschwitz foi levado para Buna, Oranienburg e Flossenbürg, onde a lembrança traz restos de sopa e vinte e cinco chicotadas. "Fiquei deitado e me levaram como se puxa um couro não cortiçado, uma pele." (...) "E de lá, em cada lugar em que estive só pensava 'tenho que sair daqui, não sei se em outro lugar vai ser pior, mas tenho que sair daqui'". De Flossenbürg para Leonburg, onde "fiquei com muita febre. De Leonburg nos levaram para Meldorf, perto de Munique". Quem dirigia era a Gestapo. De lá, para Munique: "Os americanos bombardearam a estação de trem de Munique e os trilhos saíram do lugar. Nos levaram para consertar. Achei um pedaço de carne e ficava com ela o dia inteiro porque fazia saliva. Cheguei a guardar para o dia seguinte."

Abril. No trem para Dachau durante quatro dias. "Pelo dia 25 ou 26 de abril de 1945 vimos casas com bandeiras brancas..., como se fosse uma capitulação." Soldados gritavam "*Friede, friede*": a guerra acabou. Mas ainda morreram muitos. Calor e sede insuportáveis. "Deus nos mandou uma chuva. Como as paredes dos vagões eram de tábuas horizontais, ficamos de lado, a água corria e pegamos as gotas para beber." A guerra acabou. Isso foi do dia 30 de abril para o dia 1º de maio. "Estávamos livres."

Meu pai não completou a viagem até Dachau, onde só havia fornos crematórios. Voltou a Dachau em 1970, minha mãe e eu com ele, quando conseguiu juntar dinheiro para a viagem. Queria seguir aquela estrada até o fim. A origem era o alvo?

Em 1945, de Dachau para Munique. Recebeu o Certificate nº 655 que o reconhecia ex-prisioneiro dos campos, resgatado pelas tropas aliadas, sem pátria. Dois anos na França, nome para a Cruz Vermelha: sabia que três irmãs e dois irmãos haviam migrado para o Brasil nos anos 1920. "E comecei a receber cartas (...). Em 1946, meu irmão mandou uma chamada para vir para o Brasil, mas a imigração estava fechada e não me deixariam entrar." Ele veio, e em 17 de novembro de 1947 desembarcou como passageiro temporário. Ficou morando na casa de uma das irmãs até casar. "Eu trabalhava vendendo na rua como ambulante. A diferença que eu vi aqui no Brasil! Meus sobrinhos estudavam sempre com colegas não judeus. Era como se fossem irmãos. O Brasil nos aceitou como se fôssemos brasileiros. Era como dia e noite. Até hoje, graças a Deus, nunca senti antissemitismo nenhum, nunca senti isso."

Final da entrevista. Meu pai mostra fotos: os pais; ele com a mãe e as duas irmãs que morreram nos campos; as irmãs que vieram morar no Brasil; o irmão que veio em 1937 da Polônia; no cemitério, em 1945, com amigos que estiveram com ele em Auschwitz ou passaram a guerra escondidos; sobreviventes com crianças que ficaram; ele e minha mãe, filhas, genros, netos, sobrinho. As cenas falam desse colecionador de histórias, discos, CDs, músicas, anedotas, que sempre gostou de caminhar, cantar, dançar. Sua experiência lhe ensinou que se sobrevive por intuição; se vive movido por afeto e se mantém a lucidez cuidando da saúde, lendo, estudando e jogando cartas.

Inserido na cultura *Yiddish* quase destroçada pelo nazismo, tornou-se homem da cidade; de apátrida, brasileiro. Rádio e televisão, jornais em português e *Yiddish* eram frequentes em casa. Para ele a família era tudo: minha mãe, as filhas e sobretudo os netos.

No relato à Fundação Shoah, meu pai chora duas vezes: quando fala da mãe e de como lhe doía imaginar seu sofrimento nos dias em que, separada dos filhos, foi presa no campo de futebol de Ostrowiec, antes da deportação para Treblinka; e do professor que, no gueto, escola fechada, ia de casa em casa, dar aula para as crianças. De sua mãe, minha avó que não conheci, tenho o nome em hebraico Chaja Sara e, segundo meu pai, também a determinação. Do professor, conta que adormecia ao lhe dar aula, última casa da rua e ele corria a brincar na neve, a mesma que o professor derretia e levava aos olhos para se manter acordado. A mesma em que caiu ao ser fuzilado uma tarde, saindo da casa de um dos alunos, gritando *"Shemá Israel Adonai Eloeinu Adonai Echad"*.

2. Cotidiano e resistência

"Minhas recordações estão imersas no vermelho", diz Canetti: sua memória da infância é uma imagem que tem cor. Como o armário de Benjamin que guardava, na linha enrolada e na dobra do vestido, a tradição de uma cultura desmanchada em ruínas. As *minhas* recordações estão imersas em azul: a letra B, maiúscula, o número 5000 marcado no braço esquerdo entre sorrisos e sabedoria. Histórias da tradição judaica, livros, teatro, cinema, documentários sobre campos se alternavam com piadas e personagens inventados pelo meu pai, centro das atenções em reuniões, casamentos e festas de aniversários.

Nosso dia a dia era atravessado pela Shoá. O cotidiano se fez história ao vivo. O que ele contava me inquietava: por que a ciência, a tecnologia, a arte, ao invés de melhorar a vida das pessoas, servem para excluir, escravizar e eliminar? Aos poucos compreendi que nazismo e a ideia de progresso da Modernidade são complementares.

Muitos escritores e artistas, perseguidos por sua posição política, se indagavam com angústia como contar *depois* e tornar público o que viam. Perplexos, concluíam que mais que relatos científicos a arte daria a consciência do horror. Meu pai, como muitos, não acreditava no que via, nas evidências, na fumaça. Não podia aceitar. Esse descrédito impregnou a ele e a muitos que perderam suas famílias, mas não a dignidade nem a capacidade de rejeitar um destino anunciado: campo de extermínio, "aqui não há trabalho". Não acreditar no que se vê é comumente entendido como ingenuidade daqueles que estariam se entregando à morte. Penso, porém, que é indício de humanidade preservada, de esperança de viver. Levados à última condição humana, pesando menos de quarenta quilos, mantinham-se humanos desacreditando, não aceitando.

O nazismo assassinou – em câmaras de gás e fornos crematórios – deficientes, homossexuais, ciganos, judeus. Para Bauman, o Holocausto "nasceu e foi executado na nossa sociedade moderna e racional, em nosso alto estágio de civilização e no auge do desenvolvimento cultural humano, e por essa razão é um problema dessa sociedade, dessa civilização e cultura." Resultou da emancipação do Estado político; da violência e controle social, do desmantelamento de instituições de autogestão; conciliando produção em série, administração científica e burocracia estatal ("estou apenas cumprindo ordens"), – só a Modernidade poderia gerar essa hedionda indústria da morte. A racionalidade orientou essa indústria, não monstros ou loucos. E Bauman continua: "A importância atual do Holocausto está na lição que traz para toda a humanidade", dada a facilidade com que a maioria das pessoas diante de uma situação em que não há boa escolha "arranja uma justificativa para escapar ao dever moral ou não consegue aderir a ele (...) Em um sistema em que a racionalidade e a ética apontam em sentidos opostos, o grande perdedor é a humanidade". Mas "o mal não é todo-poderoso. Pode-se resistir a ele". E conclui: "A coisa mais cruel da crueldade é que desumaniza suas víti-

ANTISSEMITISMO, mas antes de destruí-las. E a mais dura das lutas é continuar humano em condições desumanas."

Recusar acreditar no que se vê é resistir à perda do respeito e do reconhecimento do outro, à destruição de uma cultura, língua, uma história, um modo de vida, a valores. A memória revelava o que não podia ser verdade. "Ninguém acreditava, não entrava na nossa cabeça. Agora, depois de tantos anos, todos já se acostumaram com isso." Devo discordar de meu pai e dizer que ainda hoje para muitos não é possível se acostumar.

Meu pai viveu uma vida plena e nos ensinou dignidade, liberdade e escuta. De pequena, lembro das gargalhadas das suas irmãs em volta dele, os trocadilhos, o jeito de brincar com as palavras, anedotas, a capacidade de estar alegre em momentos de tristeza e de falar de coisas tristes em festas. Ria de se balançar, os imensos olhos azuis se enchiam de lágrimas. Criava histórias e personagens: o gato sem botas, Rosângela que ia comprar pão na padaria do seu Mário, e ia andando, andando e adormecíamos no "andando".

De Ostrowiec, os banhos de rio; com dois meses de idade debaixo de um monte de penas de ganso. A mãe, Chaja Sara, toda sexta-feira distribuía comida aos pobres; o pai David acordava meia noite para rezar e estudar; uma irmã pendurou a bandeira do partido comunista na Prefeitura; outra rezava como os homens e a cortina da casa dos meus avós tinha de ser fechada.

Aprendi com ele a entender a presença dos mortos: na cerimônia religiosa quando faleceu uma de suas irmãs, diante da constatação de que não havia no cemitério dez pessoas, mínimo exigido para um ato religioso judaico, o rabino titubeou se poderia fazer a reza. Meu pai afirmou num tom claro, alto, tranquilo: "Contem os mortos."

Recusava toda forma de escravidão. Gostava de ver judeus e não judeus amigos. Tinha um fino senso de humor. Não devíamos faltar à ceia de Páscoa ou ao jantar de Ano Novo e não devíamos jejuar no *Yom Kipur* porque ele já havia jejuado por toda a sua descendência. Lia livros, revistas, jornais; via filmes, ia a cerimônias para conferir o que diziam do Holocausto. Falar dos campos era sua condição de vida. Era comum perguntar se amigos da escola, da universidade ou do trabalho *"sabiam"*. O verbo na sua indagação se tornara intransitivo, não sendo preciso explicitar o que, de que ou de quem *"sabiam"*.

Amava a vida e tudo o que era alegre: cantar *oy vu nemt men a bisele mazl* (onde se pode encontrar um pouquinho de sorte), "Roda viva" e músicas religiosas, misturando sagrado e profano; dançar, pular carnaval, programas humorísticos, futebol, jogar cartas com amigos com uma incrível memória e inteligência; de viajar, de cinema e de ler. Sempre com um livro ou jornal na mão, foi um dos últimos assinantes no Brasil do *Forvert* (*Forward*, jornal *Yiddish* de esquerda, editado em Nova York). Gostava de dirigir e corria muito. Andava no calçadão com os amigos. Houve uma época em que faziam festa de aniversário às seis da manhã; em outra, andava com um amigo e o dicionário de hebraico, que tinha voltado a estudar. À vezes dava um mergulho no mar de Copacabana, o que lembrava, dizia, seus tempos de menino quando nadava no rio em Ostrowiec.

ANTISSEMITISMO,

Sempre elegante, usava camisas e calças sob medida que minha mãe encomendava, e ele mesmo gostava de comprar roupas e sapatos, tênis que usava sem meias, a gente nem entendia como aguentava o calor. Lenços bem passados nos bolsos e os chapéus de preferência cor cinza ou bege lhe davam um toque francês e talvez lembrassem os anos em que morou em Paris, antes de vir para o Brasil. Amava os netos. "Quem tem netos não tem o direito de sentir tristeza", dizia evocando sua mãe que se referia aos netos como *papier kinder*, crianças de papel, que ela só conhecera por carta, porque nasceram no Brasil, filhos dos filhos que migraram ainda nos anos 1920.

De uma coisa reclamava do Brasil: de porteiro abrir a porta do elevador. "Ninguém deve segurar a porta para outra pessoa passar se a pessoa pode segurar sozinha". Talvez por isso, mesmo doente, gostasse de abrir e segurar a porta do elevador, sorrindo, gentil. "*Dos velt is geven bashafn far ale menschn glaikh.*" [O mundo foi criado igual para todas as pessoas.] Detestava ter qualquer coisa de doença: "Uma pessoa deve viver sempre bem, mesmo velha." Detestava mentiras e ironizava pessoas que se vangloriavam de terem sobrevivido a Shoá, parecendo tirar vantagem ou se exibir.

Um domingo à noite passou mal. Chamamos um médico e não esqueço a piscadela de olho que deu para mim quando o médico, levantando a camisa para tirar a pressão, viu a marca no braço B5000. Mesmo mal, tonto de uma logo diagnosticada labirintite, disse, irônico, "*itst vet der doktor zir filn nish guit.*" [agora é o médico que vai passar mal].

3. Esquecimento e resistência

Quando começaram os sintomas do que se confirmaria como Alzheimer, a médica, da área de cuidados paliativos, indicou atividades como fisioterapia, fono e outras. Meu pai não queria fazer o que chamava "aula de música", referindo-se à musicoterapia. Quando insisti, dizendo que não queríamos que ele se esquecesse, me respondeu "Soninha, eu já tenho oitenta anos. Agora, já posso me esquecer". Naquele momento argumentei baixinho "mas, pai, é Alzheimer" – única vez em que o nome da doença foi com ele pronunciado – "e a gente não quer que o senhor se esqueça muito", ao que se seguiu um "está bem, vou fazer as aulas de música".

Imaginei que ao longo dos difíceis anos que se seguiriam, meu pai se expressaria cada vez mais em *Yiddish*, sua língua materna, falada por judeus do leste europeu, com sua rica literatura, música, teatro, sabedoria e que foi também trucidada pelo nazismo. Voltei a estudar *Yiddish*. Sou bilíngue e aprendi a língua na escola (Scholem Aleichem, em homenagem ao escritor judeu russo) e com meus avós maternos, que migraram para o Brasil da Polônia, em 1934. Passei a ler para meu pai contos de livros que conseguia comprar, o que nos deu a linda oportunidade de interação e encontro na língua. Aos poucos, esses se tornaram seus únicos momentos de interação.

A doença andou lenta. Foram sete anos em que lia para ele uma ou duas vezes por semana e ele acompanhava com os dedos, ria quando eram situações engraçadas e se emocionava quando eram momentos tocantes. Já no final, nas duas semanas em que a terceira fase da doença se agra-

ANTISSEMITISMO,

vou, assim que eu começava a ler, ele fechava os olhos e ouvia embalado. Se eu interrompia a leitura, abria os olhos e olhava o livro com um mínimo meneio de cabeça para que eu continuasse.

Além dos livros em *Yiddish*, outras leituras passaram a me ocupar. Depois de por 35 anos estudar as crianças do nascimento aos seis anos, me dediquei a conhecer a doença de Alzheimer. *The 36-hour Day*, de Mace e Rabins, foi o livro com o qual aprendi a lidar com aqueles dias de trinta e seis horas em que nos damos conta de tudo o que temos para perder. E aprendi a ser cada vez mais grata pela vida.

A dignidade com que meu pai viveu o esquecimento se vincula – penso – a sua vontade e força de resistir. Mesmo doente, expressava valores e ensinamentos presentes na sua história, em especial liberdade, espírito de comunidade e escuta.

A liberdade para agir, se mover se revelava: queria sair de casa, andar, passear, mesmo com chuva. Respirava liberdade. Da minha infância e juventude, lembro que sempre dizia que preferia trabalhar fora, na rua: na loja se sentia como "um passarinho na gaiola". Mesmo quando chovia muito, pegava seu chapéu e lá ia. Se alguém reclamasse ou pedisse cuidado, arguia "você esqueceu que atravessei a marcha da morte, na neve, descalço?" Uma vez eu lhe disse "mas pai naquela época o senhor tinha dezoito anos, hoje tem oitenta?", riu e me devolveu um "e daí?" Mesmo doente, não queria parar.

A relação com a comunidade lhe era natural. Comemorando o aniversário da minha mãe num restaurante, o garçom trouxe um minibolinho para cantar parabéns e serviu um pedaço a meu pai. Fiz um aceno para ele pegar outro pedaço. Diabético, Alzheimer avançado, sem fala, ele que adorava doce, fez que não com a mão e com ela rodeou a mesa, apontando cada um de nós. Aquele pedaço era para ser dividido por todos.

Ele era a própria alegria. Sua graça de viver, sua fé no humano – como a encontrei em Buber – a família, os amigos, a vibração com objetos que não teve em criança, tudo era motivo de riso e celebração. Já doente, perguntei qual a maior felicidade que podia ter na vida e me respondeu: "Casamento de neto."

Do privilégio que a vida me ofertou por ter esse pai, a maior lição foi a escuta; como eu gostava de ouvi-lo e como ele ouvia atentamente a todos! Que a escuta é o primeiro sentido do bebê, ainda no ventre materno, já o sabia de anos de estudo de psicologia. Que a escuta é o último sentido presente no ser humano, o aprendi com a médica do meu pai. Em casa, na sua última semana, quando já sabíamos que partiria, colocamos *nygunim*, melodias judaicas que, como mantras, se repetem e têm uma musicalidade inspiradora e uma tênue e densa espiritualidade.

A saída

Felizmente, não sofri antissemitismo. Na vida pessoal, meu casamento inter-religioso tem significado aceitação e respeito de todos os lados. Na vida profissional, a PUC-Rio – universidade católica em que trabalho há mais de quarenta anos – tem oferecido uma experiência importante de diálogo

ANTISSEMITISMO, *inter-religioso, com aceitação e apoio a pesquisas, cursos de Yiddish e projetos de extensão ligados a temas judaicos. No grupo de pesquisa, com colegas e alunas/os, Martin Buber se tornou uma das referências teóricas, ao lado de Benjamin e Mikhail Bakhtin. Será que me protejo ao sempre me apresentar como judia e filha de sobrevivente, prevenindo a todos que não se exponham antissemitas? Não creio.*

Mas meu estado de alerta, atenção, denúncia é permanente em relação a todas as formas de preconceito, opressão, negação do outro, rejeição da diferença, exclusão, violência, agressão, humilhação. Às vezes me pergunto: quando vamos parar de falar do Holocausto? Do meu ponto de vista, nunca. Mas, nos últimos anos, me aquece a existência trabalhar pela cultura e pela língua Yiddish – "os mortos não estarão em segurança enquanto o inimigo vencer". Lutar contra todos as formas de preconceito é buscar o que foi destruído, perdido, esquecido: línguas, histórias, músicas, tradições.

O sentido desta escrita é, portanto, **resistir***. Resistência, para o dicionário, é: força, obstáculo, reação, oposição, recusa, desvio. Para Chialé Kramer: resistir é não se acostumar. Zog nit keyn mol [Não diga nunca que você anda seu último caminho]. Sobreviver para contar. Para que todos saibam. Atuar pelo direito de todos, pelas culturas, histórias, línguas que se pretendeu destruir, no meu caso Yiddish. Voltei a estudar, encontrei iniciativas em vários países e hoje procuro ensinar a língua e sobre a língua a crianças, jovens e adultos. A resistência ao Holocausto se faz também com a língua Yiddish, que cons-*

titui a identidade dos judeus, ao lado do Ladino e do Hebraico. O assassinato dos judeus e o esquecimento do Yiddish que se tentou impor se aproxima ao que ocorreu a milhões de pessoas sequestradas da África, escravizadas, ao genocídio de povos indígenas cujas línguas algumas universidades tentam devolver aos descendentes, à tentativa de apagamento dos ciganos.

Sou filha de um sobrevivente de Auschwitz e nunca me foi transmitido ódio, mas firmeza; nunca revolta, mas compromisso. Hoje, esse ensinamento é precioso porque quando se destila ódio, prendemos o outro no seu lugar maniqueísta, dogmático, omisso. Essa reflexão traz outra pergunta: o que fazer diante da corrente de produção da intolerância estereótipo, preconceito, discriminação, exclusão, eliminação, extermínio? Resistir é importante, mas é pouco. É preciso **impedir** que a corrente prossiga para sonhar uma sociedade sem desigualdade, com justiça social, aceitação do outro e reconhecimento de que o que nos torna singulares como seres humanos é nossa pluralidade: nossas diferenças físicas, mentais, de raça, etnia, orientação sexual, cultura, religião, gênero, de modos de entender o mundo, escolhas, pontos de vista.

E como interromper o ódio sem produzir ódio? Precisamos das três esferas que nos constituem: (i) a esfera do conhecimento, hoje foco de negacionismo! (ii) a esfera da estética, cultura, da arte, tudo o que afeta, que é afetivo; (iii) a esfera do agir ético e político, nas instâncias públicas coletivas, nas comunidades e nas interações pessoais, onde cada estreita aresta pode ser a porta para o diálogo.

ANTISSEMITISMO,

Porém, o contexto de fascismo desse momento da história da sociedade brasileira em que esses apontamentos são escritos não pode ser minimizado. E não há conivência possível com o fascismo; não há voto nulo contra o fascismo que mente, não escuta, executa, oprime, mata. Alerta e alarme: o fascismo avançou da antessala e impregna paulatinamente as frestas da democracia. Há que **resistir, impedir, insistir, interromper**.

Termino com o poema "Os olhos das pessoas esperam", de Abraham Joshua Heschel, escrito originalmente em Yiddish e publicado em Varsóvia. Heschel sobreviveu ao Holocausto, marchou com Marthin Luther King e é dele, entre outros, o livro Praying with the feet *[Rezando com os pés]. Diz assim:*

*"Os olhos das pessoas esperam por mim
como pavios esperam por uma luz (...)*

*E eu, com teimosa ousadia, prometi
que vou aumentar a ternura no mundo –*

*e me parece que vou, a tempo
seguir em frente por esta terra
com o brilho de todas as estrelas
nos meus olhos!"*

Referências Bibliográficas

ADORNO, Theodor. *Educação e emancipação*. Rio de Janeiro: Paz e Terra, 1995, p. 119.

BAUMAN, Zygmunt. *Modernidade e Holocausto*. Rio de Janeiro: Jorge Zahar, 1989.

BENJAMIN, Walter. *Obras escolhidas I: magia e técnica, arte e política*. São Paulo: Brasiliense, 1987a.

BENJAMIN, Walter. *Obras Escolhidas II: rua de mão única*. São Paulo: Brasiliense, 1987b.

BUBER, Martin. *Eu e tu*. Tradução e introdução de Newton A. Zuben. São Paulo: Moraes, 1977.

CANETTI, Elias. *A língua absolvida: história de uma juventude*. São Paulo: Cia das Letras, 1987.

HESCHEL, Abraham Joshua. *The Ineffable Name of God: Man*. New York: Continuum, 2007.

KRAMER, Sonia. "Resistir, sobreviver e viver para contar o holocausto". In: SOUZA, E.C.; BALASSIANO, A.G.; OLIVEIRA, A.M (Org.). *Escrita de si, resistência e empoderamento*. Curitiba: CRV, 2014, p. 39-53.

KRAMER, Szyja. *Transcrição do depoimento em vídeo "Survivors of Shoah" (1'55")*, 9 de Julho, 1997. Versão Integral, Rio de Janeiro; Idioma: Português.

KUPFERBERG, Marylink. "Zonas de silêncio e segredo familiar: a transmissão interrompida". In: SCHWEIDSON, Edelyn. *Memória e cinzas, vozes do silêncio*. Campinas: Perspectiva, 2009.

MACE, Nancy & RABINS, Peter. *The 36-hour Day*. New York: Warner Books, 1965.

SELIGMANN-SILVA, Márcio. "Walter Benjamin: para uma nova ética da memória". In: *Benjamin pensa a educação*. São Paulo: Segmento, 2008, p. 48-59.

TODOROV, Tzvetan. *Facing the Extreme: Moral Life in the Concentration Camps*. New York: Henry Holt Company, 1996.

ANTISEMITISMO

"

Não devemos aceitar sem qualificação o princípio de tolerar os intolerantes senão corremos o risco de destruição de nós próprios e da própria atitude de tolerância".

KARL POPPER _ *The Paradox of Tolerance*, Karl Popper, The Open Society and Its Enemies, Vol. I, Chapt. 7, n.4, at 265 (Princeton University Press 1971)

UM NÃO-JUDEU JUDEU (QUE TAMBÉM É GAY): NEGOCIANDO OS "ARMÁRIOS"

James N. Green

James N. Green _ Professor de História do Brasil na *Brown University* e professor visitante da Universidade Hebraica de Jerusalém, entre mil outras coisas.

ANTISSEMITISMO,

Religião? Eu sou ateu. Nacionalismo judeu? Eu sou internacionalista. Em nenhum sentido sou, portanto, judeu. No entanto, sou judeu à força da minha solidariedade incondicional com os perseguidos e exterminados. Sou judeu porque sinto o pulso da história judaica; porque gostaria de fazer tudo o que puder para garantir a real, não espúria, segurança e autorrespeito dos judeus.
ISAAC DEUTSCHER[1]

Isaac Deutscher nasceu em Chrzanów, uma cidade na região da Galícia do Império Austro-Húngaro (agora no sul da Polônia), em uma família de judeus religiosos praticantes. Em abril de 1939, ele foi para Londres para trabalhar como jornalista. Ele sobreviveu à Shoá; sua família não.

Eu nasci em Baltimore, Maryland, em uma família de *Quakers*, uma religião protestante liberal que favorece a paz e os direitos humanos. Há 26 anos estou com um israelense. Quando o estado de Nova York aprovou o casamento entre pessoas do mesmo sexo em 2011, nos casamos em uma cerimônia civil. A família do pai do meu marido era da Polônia. Ele foi para a Palestina em 1934 e sobreviveu à Shoá;[2] sua família não.

O meu companheiro diz que sei mais sobre o judaísmo do que a maioria dos judeus americanos. Acho que ele tem razão.

Por acidente, acabei morando em São Paulo entre 1976 e 1982, onde participei das mobilizações contra a ditadura militar e fui um dos fundadores do movimento

---

1_Isaac Deutscher, "Who is a Jew?", *The Non-Jewish Jew and Other Essays*, Tamara Deutscher (ed.), Nova York: Oxford University Press: 1968, p. 51.

2_Shoá é o termo hebraico para o Holocausto.

LGBT brasileiro. Por paixão, tornei-me professor de História brasileira para ter o pretexto de viajar para o Brasil várias vezes ao ano. Por convicção, já lecionei dez cursos diferentes de história e cultura brasileiras na Universidade Hebraica desde 2011.

Deutscher estudou com um *rebe* hassídico[3] e foi aclamado como um prodígio no estudo da Torá e do Talmude. No momento de seu *bar mitzvá*,[4] no entanto, ele havia perdido a fé. Virou comunista e depois trotskista. Criticou Stalin. Foi contra o Bund[5] e o Sionismo. No entanto, ele nunca poderia não ser judeu. Daí o judeu secular não-judeu.

Não me importo de ser chamado de *gói*[6] ou entre os círculos judaicos gays de *shiksa*.[7] E a certa altura, quando comecei a aprender hebraico, meu parceiro tinha medo de me tornar um *"born again"*[8] e ortodoxo. Foi paranoia da parte dele, pois sou ateu, assim como Deutscher. Meu companheiro também é ateu, embora ele seja professor, na Universidade Hebraica, de História do Cristianismo na Europa entre os séculos XV e XVIII. Ele estuda religião, mas não acredita em Deus.

Deutscher foi um judeu não-judeu. Eu sou um não-judeu judeu.

No *bar mitzvá* de meus sobrinhos, gêmeos israelenses, celebramos no setor *dromi* do *Kotel*.[9] A rabina que conduziu a cerimônia não me deixou usar o *talit*[10] porque não sou judeu. Eu quero saber qual versão do Talmude que ela estava estudando na sua *Yeshivá*[11]? *Gay is OK*,[12] *aval*[13], *gói*, não?

Quando me pediram para escrever um ensaio para esta coleção, minha primeira reação foi de recusar educada-

3_Um *rebe* hassídico é um líder religioso de um movimento de reavivamento espiritual judaico que surgiu, durante o século XVIII, no território da Ucrânia Ocidental contemporânea.
4_*Bar mitzvá* é a cerimônia de maioridade religiosa que insere o jovem judeu de treze anos como um membro maduro da comunidade.
5_Bund era um partido socialista judeu secular formado inicialmente no Império Russo e ativo entre 1897 e 1920.
6_*Gói* é uma palavra em iídiche para um não-judeu
7_*Shiska* é uma palavra em iídic para uma mulher não-judia
8_*Born again* em inglês, *chozer b´teshuva* em hebraico, signif uma pessoa qu retorna à fé judaica, em ger para a forma mais ortodoxa da religião.

ANTISSEMITISMO,

mente. Acho que sou a única pessoa que ensinou um curso numa universidade norte-americana intitulado, "A história dos judeus brasileiros". A versão desse curso que lecionei na Universidade Hebraica há três anos foi sobre a história de árabes e judeus no Brasil e foi um grande sucesso entre todos os estudantes, judeus e árabes, que o fizeram. Entretanto a minha produção acadêmica enfoca em gênero, sexualidade e a ditadura militar. Eu não faço pesquisas sobre judeus ou antissemitismo. Então, perguntei a um amigo, que é referência na esquerda judaica brasileira, se deveria participar ou não da coletânea. Ele me lembrou que sou um antropólogo não profissional, que há quarenta anos observo as esquerdas brasileiras e a comunidade judaica do Rio e de São Paulo. Me disse que sei muito mais do que penso. Então vamos lá.

Deutscher e eu temos duas coisas em comum, além da afinidade pela categoria de judeu não-judeu, mesmo que isso signifique exatamente o oposto para cada um de nós. Nós já fomos trotskistas (nada para se envergonhar) e escrevemos livros.

O que não temos em comum é que ele era heterossexual e eu sou homossexual. Como comunista na Polônia e depois no exílio na Inglaterra, tenho certeza de que houve momentos em que ele teve que esconder suas ideias políticas para sobreviver. Não tenho certeza, mas presumo que houve situações em que Deutscher também tinha que dissimular o fato de que era judeu.

De uma maneira muito diferente, muitos gays e lésbicas antes de "assumirem" e informarem seus amigos e fami-

_Setor *dromi* do *Kotel* é a seção sul do Muro das amentações, em Jerusalém, onde ão há separação entre homens e mulheres envolvidos em orações.
10_*Talit* é um essório religioso daico em forma de xale, usado como cobertura na hora das preces.
11_ Yeshivá é o nome dado às instituições educacionais que se dedicam ao estudo de extos religiosos tradicionais
12_*Gay is OK* gnifica que não á problema em ser gay.
13_*Aval* em braico significa no entanto

liares sobre seus sentimentos sexuais e românticos também precisam esconder sua identidade.

A expressão inglesa "saindo do armário", traduzida para o português e adotada pelo movimento LGBT brasileiro na década de 2000, tem várias origens linguísticas que estão além do escopo deste ensaio. Basicamente, significa dizer publicamente às pessoas que você é gay ou lésbica. É a revelação de um segredo seu que você passa muito tempo escondendo dos outros.

Revelar essa informação é um ato de afirmação, de libertação, de não mais enganar, de ser aceito. Também é considerado um ato político. A teoria é que quanto mais gays e lésbicas forem abertos sobre seus desejos pessoais, românticos ou sexuais, mais tolerância e aceitação social haverá. Tal honestidade, segundo essa orientação política, produz empatia, compaixão e tolerância (ou pode resultar em expulsão de casa e exclusão de uma família). É uma das ideias principais das paradas LGBTQI+: visibilidade produz respeito e aceitação. Também é uma das razões pelas quais cristãos evangélicos, católicos conservadores e forças autoritárias não gostam do movimento. A homossexualidade é algo que deve ser oculto e não mencionado. Nesse sentido, ela desaparecerá.

Em um mundo pós-moderno de política de identidade, aprendi a abraçar as minhas múltiplas e complexas. Sou uma pessoa nascida nos Estados Unidos que ensina história e cultura brasileira nos Estados Unidos, mas prefiro comemorar meu aniversário no Brasil porque tenho mais amigos em São Paulo do que lá. Eu amo Israel, mas sou total-

ANTISSEMITISMO, mente contra a ocupação. Sou a favor de dois estados e plenos direitos para os árabes que vivem em Israel. Também sou a favor do estado laico nos Estados Unidos, Brasil, Israel e Palestina. Ensino História do Brasil em inglês para israelenses, sem ser judeu e sem receber um salário (estou acumulando *mitzvot*[14]).

Sou uma pessoa que se identifica com a esquerda porque acredito em justiça social. Sou esquerdista, mas não tenho problema em criticar a esquerda. Quando organizei o primeiro grupo de gays e lésbicas dentro de um partido político na América Latina, a Facção Homossexual da Convergência Socialista, argumentei que esse trabalho inovador apontava para o século XXI, enquanto a maior parte da esquerda ainda estava no século XIX.

Eu saí do armário aos 21 anos depois de passar cinco anos em agonia sobre o fato de saber que era gay, mas não queria ser. Eu vivia no armário e guardava de perto o meu segredo. Lentamente, contei para minha melhor amiga, depois para minha namorada, minha irmã e finalmente meus pais. Eles ficaram chocados e chateados, mas finalmente mudaram de opinião e me aceitaram completamente. Amavam o meu namorado, agora marido, e minha mãe gostou muito de sua visita a Israel para conhecer a família do meu companheiro.

Mas antes dessa aceitação familiar, vivia o meu segredo com muita angústia. Quando comecei a abraçar a minha homossexualidade, aprendi o processo de "negociar o armário". Ficar dentro ou sair do armário exige decidir constantemente quando você se permitirá revelar que é gay,

[14] *Mitzvot* são boas ações recomendadas pela Bíblia Judaica.

especialmente quando o outro pensa que você é heterossexual. Um incidente banal, mas que acontece frequentemente comigo no Brasil, ilustra esse dilema.

Várias vezes estive em um táxi no Rio de Janeiro. Durante nossas conversas, alguns motoristas, que percebem que sou estrangeiro pelo sotaque, me perguntavam o que eu pensava das mulheres cariocas (em geral também falam sobre partes dos corpos delas). Fico duvidando como vou responder. Depois de vacilar, comento que acho as cariocas muito bonitas, mas na verdade considero os homens brasileiros muito mais interessantes. Após um silêncio desconfortável, o motorista geralmente se desculpa por ter me ofendido. Respondo que não me sinto ofendido, e tento mudar de assunto.

Ou seja, cada vez que alguém me pergunta sobre as mulheres brasileiras, tenho que pensar: "Dou uma resposta simples com uma mentira inofensiva ou digo a verdade? Obrigo essa pessoa a lidar com seus estereótipos ou fico em silêncio?" Enfrento também esse dilema o tempo todo no Brasil sendo um não-judeu judeu.

Em geral as pessoas não conseguem imaginar que eu poderia ser judeu ou casado com um judeu. Como resultado, nos últimos vinte anos, quando circulo entre colegas nas universidades brasileiras ou entre setores das esquerdas, fico surpreso (mas realmente não surpreso) com os comentários antissemitas que ouço.

Geralmente são ideias emprestadas dos *Protocolos dos Sábios de Sião*,[15] que a pessoa certamente não leu, e está apenas repetindo o que foi ouvido. Os comentários

ANTISSEMITISMO,

são manifestações de um antissemitismo profundamente enraizado na cultura católica (e agora protestante) brasileira. As pessoas repetem como se fosse um dado conhecido por todos.

Como não tenho muitos amigos de direita, minha pesquisa não científica sobre esse assunto se realiza entre os setores das esquerdas e é decepcionante, para dizer o mínimo. Cito três exemplos, entre muitos que aconteceram comigo.

Cerca de seis anos atrás, o filho de um ex-ministro em um governo da esquerda me explicou que os judeus controlavam o sistema bancário brasileiro. Comentei que fiquei surpreso ao descobrir que as famílias ligadas ao Itaú-Unibanco eram judias, porque eu pensava que eram católicas, pelo menos por tradição (a ironia não funcionou nesse caso). Então comecei a listar todos os nomes dos fundadores dos bancos brasileiros em que pude pensar e disse: "Ah, eu não sabia que o fulano era judeu. Ah, talvez ele fosse um converso, mas com esse nome, eu não sei, acho que não..." (De novo a ironia não funcionou, acho eu, porque a pessoa não sabia o que é um converso). Já ouvi esse comentário sobre o controle dos judeus ao sistema bancário brasileiro muitas vezes ao longo dos anos.

O outro comentário comum que ouço porque sou gringo é que os judeus são muito influentes na economia dos EUA e são muito conservadores. Quando as pessoas me oferecem esses "dados", acho que estão simplesmente pedindo que eu confirme as suas declarações. Eu tenho que explicar que mais de 80% da comunidade judaica votou

5_*Os Protocolos dos Sábios de Sião* é um texto antissemita criado na época Rússia czarista e traduzido, pós a Revolução ussa de 1917, do usso para vários outros idiomas, que descreve um alegado projeto de onspiração por parte de judeus e maçons de do a atingirem "a dominação mundial através a destruição do ndo ocidental."

contra Trump e são politicamente liberais ou da esquerda, embora economicamente a comunidade judaica norte-americana seja em geral muito bem-sucedida.

Recentemente, a discussão inclui também o comportamento da comunidade judaica brasileira nas últimas eleições. "Votaram com a direita" é a observação mais comum. Então eu tenho que explicar que os judeus votaram de maneira semelhante aos seus vizinhos, ou seja, as pessoas da mesma posição socioeconômica. No entanto, eles votaram menos no atual presidente do que seus vizinhos. Isso encerra a conversa, pois a outra pessoa não tem uma resposta inteligente.

Na universidade também fiquei surpreso com a forma como os *Protocolos* parecem ter influência, não porque alguém os tenha lido, mas porque as ideias da conspiração mundial, como mencionei anteriormente, fazem parte da cultura cristã que contamina o país, mesmo entre acadêmicos inteligentes.

Uma professora de destaque se queixou de como era difícil publicar um determinado livro porque a indústria de livros é controlada pelos judeus. Depois de reconhecer que pelo menos uma editora importante foi de fato fundada por um judeu, listei dez outras que, obviamente, foram fundadas por e são de propriedade de não-judeus.

O que foi triste nesse encontro foi o fato de que a pessoa não era nem capaz de uma autorreflexão. A conversa simplesmente seguiu em frente. Eu, naquele momento, resolvi ficar no armário e não seguir tentando convencê-la de que estava totalmente equivocada.

ANTISSEMITISMO,

É impressionante como George Soros, tanto no Brasil como nos EUA, é o novo líder das conspirações capitalistas mundiais. A ideia de que judeus são capitalistas e bolcheviques ao mesmo tempo fica presa na mente de muitos brasileiros. O argumento é que, na verdade ele usa o *Open Society*, com seus projetos progressistas, para abrir novos mercados para os seus investimentos, o que mostra o quão desonesto e astuto ele é. As conversas sobre Soros diminuíram depois das notícias de que o neonazista norte-americano Robert Bowers, responsável pelo massacre do Templo da Vida em Pittsburgh,[16] pensava que Soros financiava as ONGS que incentivavam a imigração de milhares de centro-americanos e mexicanos para invadir os Estados Unidos.

Sabemos que as culturas localizadas em diferentes países inventam e desenvolvem mitos. Faz parte da consolidação da nação. O grande mito da minha terra natal é que os EUA são a maior e melhor democracia do mundo. Não adianta discutir sobre isso, porque é o *framework* geral que os americanos usam para entender sua cultura e seu país.

Embora os leitores deste ensaio certamente saibam disso, vale ressaltar que um dos mitos mais importantes que os brasileiros insistem ser verdade – e isso os torna diferentes e melhores que os estadunidenses – é a ideia de que, apesar da escravidão, o Brasil não é um país racista. Um corolário dessa ideia é que o Brasil não é um país antissemita.

Gilberto Freyre promoveu, mas não inventou essas duas ideias. Apesar dos estereótipos antissemitas em

16_A sinagoga Templo da Vida, localizada em Pittsburgh, nos EUA, foi atacada a tiros. Onze pessoas foram mortas e seis ficaram feridas. O massacre ocorreu no dia 27 de outubro de 2018 e teve motivação antissemita.

Casa grande e senzala, em que ele misturou comentários positivos e negativos sobre os judeus, Freyre ajudou a consolidar o mito da harmonia racial nos anos 1930 – e com isso o regime de Getúlio Vargas abraçou-o em suas campanhas nacionalistas durante o Estado Novo. A ideia de democracia racial está tão embutida na cultura brasileira que levou quarenta anos para o Movimento Negro Unificado e seus herdeiros conseguirem inserir no debate nacional a crítica sobre o sistema racista estrutural que prevalece no país.

É realmente importante não equiparar o racismo contra pessoas de ascendência africana ao antissemitismo. Eles têm origens, histórias e manifestações diferentes, embora também estejam entrelaçados nas maneiras pelas quais a escravização dos africanos e a expulsão de judeus da Península Ibérica se baseavam em uma nova noção de "raça", que essencializava as pessoas e lhes atribuía qualidades sub-humanas específicas que justificavam sua perseguição, captura e marginalização.

As ideias de Freyre e as de outros pensadores foram capazes de apontar a falta de racismo como forma de argumentar que a escravidão não era tão brutal no Brasil quanto nos Estados Unidos, que instituiu uma forma de *apartheid* no sul, após a guerra civil. Nessa área, os brasileiros poderiam se orgulhar de pensar que são superiores às pessoas do norte. Também serve como uma cobertura ideológica que tornou indelicado ou inapropriado falar sobre racismo ou antissemitismo. Silenciou uma discussão e, no caso dos judeus, se é levantada uma denúncia

ANTISSEMITISMO, de antissemitismo, a reação é de comentar que a pessoa é exagerada e hipersensível, ironicamente repetindo outros estereótipos sobre os judeus.

Assim como em relação aos comentários homofóbicos, eu sempre tenho que enfrentar o dilema: responder, questionar, discutir ou permanecer calado. Entretanto, se eu estiver no armário em uma determinada situação e as pessoas não souberem que sou um não-judeu judeu, provavelmente ouvirei comentários que não ouviria se meu sobrenome fosse Rosenstein.

Então, por que partes da esquerda brasileira, que têm uma longa tradição de participação de judeus nas suas fileiras, criaram um espaço intelectual onde o antissemitismo pode prosperar? A primeira e mais convincente resposta é que a esquerda reflete muitos valores culturais da sociedade como um todo e se o Brasil cristão é permeado por noções falsas sobre os judeus, é razoável que qualquer setor da sociedade reproduza isso, a menos que haja forças contrárias a tais ideologias.

O fato de que um setor grande da comunidade esteja confortável economicamente é uma justificativa para argumentar que os judeus estão "do outro lado". A queixa que "eles ficam só entre eles" é cheia de ironia, dado o fato de que as esquerdas vivem em uma bolha. Mas, na minha experiência, que pode ser uma exceção, acho que as pessoas usam a política de Israel para justificar todos os seus preconceitos e estereótipos sobre os judeus. As políticas desastrosas do atual governo de Israel, que não tem interesse em negociar uma paz com os palestinos, oferecem um pretexto para aqueles que carregam o vírus antissemita apontarem para Israel como a personificação do judeu desonesto e astuto que é apenas interessado em si mesmo e no seu povo.

Quando digo a um membro do meio intelectual e progressista que dou um curso em Israel todos os anos, fico surpreso ao ver como as pessoas pouco sabem sobre a geografia, história ou complexidade do conflito. Tudo é reduzido a binários simplistas: bons palestinos, maus israelenses. "A quais palestinos você está se referindo?", pergunto. Quais israelenses? Qual fronteira, de qual acordo, em que ano, em quais condições?

Além de ministrar cursos sobre o Brasil em Jerusalém, organizei sete conferências internacionais na Universidade Hebraica tentando pensar comparativamente sobre Brasil, Israel e Palestina. Quando convidamos brasileiros não judeus a participar desses eventos, eu os aviso: "Israel também não é para principiantes," parafraseando Tom Jobim. De fato, é muito mais difícil de entender este pequeno estado no Oriente Médio do que o Brasil. Mesmo sendo um país minúsculo, possui uma história complexa. "Esteja aberto a se deixar confundir. Não procure respostas simples." Foi o melhor conselho que a maioria deles recebeu.

Entre as pessoas que convidamos do Brasil para participar desses simpósios internacionais esteve Jean Wyllys, o congressista abertamente gay do Rio de Janeiro que recentemente foi forçado a deixar o Brasil devido a ameaças credíveis de morte. Quando o convidamos para a conferência, ele fez quatro pedidos: visitar a Cidade Velha, conhecer os territórios ocupados, ver o Mar Morto e encontrar o autor David Grossman. Os dois primeiros pedidos já estavam em nosso plano para sua viagem, e conseguimos modificar a agenda para ver o Mar Morto. Felizmente, um dos meus ex-alunos de doutorado que fez sua tese sobre as relações Brasil-Israel durante a ditadura é filho de Grossman, então também conseguimos garantir esse desejo.

O encontro entre Wyllys e Grossman foi mágico. Discutiram os desafios de enfrentar os governos conservadores e buscar novos caminhos para a paz. Dois intelectuais trocando ideias. Fiquei impressionado com o fato de Jean Wyllys ter lido tudo de Grossman que foi publicado em português.

O que não esperávamos como resultado da visita de Jean Wyllys foi o dilúvio de críticas, de dentro de seu próprio partido e de outros da esquerda brasileira, sobre o fato de ele ter ido à Israel. As críticas que saturaram a internet criticaram seu direito de visitar Israel, embora ele tenha declarado claramente sua posição contra a ocupação e a favor de dois estados democráticos e seculares. Em uma entrevista recente que Jean conduziu com Lula, Wyllys apontou a ironia da reação à sua visita, já que ele e Lula mantêm a mesma posição em Israel e na Palestina, e as esquerdas não criticaram a visita de Lula à Israel.

Um dos cartuns produzidos para reprochar sua visita mostrava Jean usando óculos escuros cobertos com bandeiras israelenses, tirando uma *selfie* enquanto um palestino morto estava no fundo do quadro. Na época, ele considerou a caricatura homofóbica, reproduzindo o estereótipo do homem gay fútil, em turnê, sem se preocupar com os pobres ou oprimidos. Eu tendo a concordar com ele.

Por seis anos ou mais ele sofreu insultos dos cristãos evangélicos no Congresso, que divulgaram *fake news* sobre sua plataforma política antes mesmo de esse termo existir. Em vez de reconhecê-lo como um político sério, lutando não apenas pelos direitos LGBTQI+, mas também pelos pobres e trabalhadores em geral, os esquerdistas reproduziram os estereótipos associados aos homens gays.

Jean Wyllys não tem medo de sair do armário, seja lutando pela comunidade LGBTQI+, seja pelo direito do Estado de Israel de existir ao lado de um estado palestino. Para muitos, isso parece uma combinação política impossível.

Hoje, muitas pessoas na comunidade judaica preferem permanecer no armário. É mais fácil se você não falar. Você pode sobreviver sem causar problemas. Mas o problema real, na minha opinião, não são os setores da esquerda brasileira que estão mal informados sobre as complexidades de Israel ou realizam campanhas inescrupulosas contra os políticos da esquerda, como Jean Wyllys, que não tem medo de aprender e tentar entender uma situação complicada. O verdadeiro problema é com aqueles que têm medo de se manifestar contra o autoritarismo que tomou conta do Brasil e ameaça a democracia. Não foram Lula, Dilma ou o Partido dos Trabalhadores que colocaram o país em perigo, mas sim a visão de pessoas que desvalorizam os quilombolas, confundem o nacional-socialismo alemão com a social democracia e desejam impor suas crenças religiosas à socie-

ANTISSEMITISMO, dade como um todo. Eles são um perigo não apenas para os judeus brasileiros, mas para todos aqueles que se lembram da ditadura militar e valorizam a democracia. E como um não-judeu judeu, fora do armário, eu também não posso ficar calado.

Por fim, precisamos de todos nas lutas pela democracia. Judeus, não judeus, gays, heteros, todos. Nesse contexto, devemos perceber o que significa excluir da luta judeus de esquerda, sionistas ou não, pelo que entendemos que seja sionismo. Infelizmente, na esquerda que luta contra o racismo, homofobia e o machismo, o antissemitismo parece ser tolerável. Transvestido de antissionismo, ele exclui e reifica uma identidade judaica que deve ser histórica, e não essencial. O antissemitismo, como o governo atual, deve ser intolerável.

Nasci e cresci no seio de uma família francesa de longa data, fui francesa sem nenhum questionamento. Mas ser judia, o que isto significava tanto para mim quanto para meus pais, já que, ambos agnósticos – como já o tinham sido meus avós –, a religião estava totalmente ausente de nosso lar?

Do meu pai pude aprender que sua ligação com o judaísmo estava mais relacionada ao conhecimento e à cultura que os judeus adquiriram ao longo dos séculos, em épocas em que muito poucos tinham acesso aos mesmos. Haviam permanecido como Povo do Livro, fossem quais fossem as perseguições, a miséria e a vida errante. Para minha mãe, o judaísmo era uma questão de um compromisso com valores com os quais, ao longo de sua longa e trágica história, os judeus jamais haviam deixado de lutar: a tolerância, o respeito dos direitos de cada um e de todos, a solidariedade. Ambos morreram no exílio, deixando-me como única herança os valores humanistas que, para eles, o judaísmo representava.

Desta herança não me é possível dissociar as lembranças sempre presentes, de certa forma obsessiva, dos seis milhões de judeus exterminados pelo simples fato de serem judeus. Seis milhões dentre os quais meus pais, meu irmão e inúmeros familiares. Não posso me separar deles. Isto é suficiente para que, até a minha morte, meu judaísmo seja imprescritível.

O *Kadish* será recitado diante de meu túmulo. Sou judia."

SIMONE WEIL _ "Sou judia: o *Kadish* será recitado diante do meu túmulo", de 2005, como publicado na *Revista Morashá*, Edição 98 - Dezembro de 2017

NEONAZISMO HOJE: A CENA BRASILEIRA E SUAS LINHAGENS

Adriana Dias

Adriana Dias _ Doutora em Antropologia Social pela Unicamp. Antropóloga com deficiência, pesquisa o discurso neonazista e supremacista branco nas redes por quase dezoito anos. Simon Dubnov, historiador morto pelos nazistas por ser judeu, gritou ao ser fuzilado: "Companheiros! Companheiros! Escrevam! Escrevam e contem!"

ANTISSEMITISMO, À primeira vista, pode parecer surpreendente que a atitude do antissemita se assemelhe à do negrófobo. Foi meu professor de filosofia, de origem antilhana, quem um dia me chamou a atenção: "Quando você ouvir falar mal dos judeus, preste bem atenção, estão falando de você." E eu pensei que ele tinha universalmente razão, querendo com isso dizer que eu era responsável, de corpo e alma, pela sorte reservada a meu irmão. Depois compreendi que ele quis simplesmente dizer: um antissemita é seguramente um negrófobo. FRANTZ FANON

Quando recebi o convite para escrever o presente artigo aceitei de pronto, pois a sugestão do livro que agora está em suas mãos era urgente e necessária. Em tempos de ódio, é preciso coragem para denunciar as raízes do mal social. Apontarei aqui algumas raízes socio-históricas do antissemitismo hoje, em especial no caso brasileiro, e descreverei o quadro geral de grupos neonazificados no Brasil. Pesquiso esses grupos há 18 anos e os dados apresentados são fruto de minha tese de Doutorado em Antropologia Social, defendida na Unicamp em 2018. Que perguntas precisam ser feitas diante do tema que parece sempre renascer, como a peste profetizada por Albert Camus, "as pestilências" que "têm uma maneira de se repetir no mundo, mas, de alguma forma, achamos difícil acreditar naquelas que caem sobre nossas cabeças de um céu azul?".

Acabo de terminar a primeira temporada de *Hunters*,[1] série da Amazon Prime sobre caçadores de nazistas, ambien-

1_A série foi duramente criticada por entidades judaicas e pelo *Auschwitz Memorial* por apresentar de forma irônica o sadismo e a violência dos nazistas contra judeus e outras vítimas. A Amazon também tem sido criticada por vender materiais antissemitas, como livros (como *Der Giftpilz* [*O cogumelo envenenado*]) e objetos.

tada na década de 1970. A proposta ficcional é descrever as aventuras de uma equipe que persegue oficiais nazistas que vivem confortavelmente nos EUA, levados numa operação de "importação de cérebros", a *Paperclips*. A série mistura fatos e ficção para apresentar as várias facetas do antissemitismo. Numa das cenas, um programa fictício é apresentado como se fosse um acessório da retórica da série, para demonstrar as respostas mais comuns à pergunta: por que há ódio contra os judeus? As respostas, que valem certa quantidade de pontos, vão sendo lançadas pelos participantes do *reality show*: "porque eles bebem sangue de crianças", "porque eles mataram Jesus", "porque eles reclamam do Holocausto, ainda"... No fim, após respostas absolutamente absurdas, ganha o *reality* a resposta mais *nonsense* de todas: "Porque os judeus são judeus." Cabe perguntar, inclusive, se a própria existência da série não seria um exemplo do exponencial crescimento do antissemitismo.

No limite, a história do antissemitismo se revela "a história da loucura pública" que escolhe "culpar alguém pelo sofrimento social". Entre as vítimas escolhidas, o "judeu foi sempre destacado para esse papel", no dizer de Durkheim.[2] Mas como começa essa "loucura pública"? Ela já chegou ao nosso país? Infelizmente sim.

Em Jaguariúna, São Paulo, um senhor de 57 anos, foi atacado por ser judeu, em fevereiro de 2020. Ao observar o seu *kipá*, três rapazes o interceptaram com agressões físicas e verbais. Ele ia para Campinas, onde fica a sinagoga que frequenta. Um de seus comentários, depois, foi que o mundo estaria "ficando doente novamente". O antissemi-

2_E. Durkheim, 2008 [1899], *Anti-Semitism and Social Crisi* Traduzido por Chad Alan Goldberg.

ANTISSEMITISMO, tismo tem crescido e de forma mais abrangente se associado a outras outrofobias: ódio à população LGBTQI+, ao negro, ao nordestino. Estou, de fato, extremamente preocupada com este momento. O que podemos fazer?

FUNDAMENTAÇÕES DO ÓDIO

Wilhelm Marr, responsável por difundir o termo antissemitismo, valendo-se do panfleto *Der Weg zum Siege des Judenthum über das Germanenthums* [*O Caminho para a vitória do judaísmo sobre o germanismo*], em 1879, defendeu a ideia de que alemães e judeus estariam envolvidos numa espécie de guerra racial milenar e que a emancipação judaica resultante do liberalismo alemão havia permitido aos judeus controlar as finanças e a indústria alemãs, o que levaria, finalmente, a uma vitória judaica, e ao fim do povo alemão. Dentro dessa perspectiva paranoica (de estilo paranoico),[3] Marr fundou a *Antisemiten-liga* [Liga dos Antissemitas], a primeira organização alemã comprometida especificamente em combater a suposta ameaça à Alemanha representada pelos judeus e defender sua remoção forçada do país.

Nota-se, portanto, desde o início da propagação do termo por Marr, o pleno uso do maniqueísmo apontado por Sartre (1995): "O antissemitismo é primordialmente um maniqueísmo; explica o curso do mundo mediante a luta do princípio do Bem contra o Mal. Entre esses dois, não há acordo possível: é preciso que um deles triunfe e que o outro seja aniquilado." O termo antissemitismo passou, posteriormente, por conta da perseguição aos judeus desde o início da cristandade, quer por motivos religiosos, culturais, econômicos, raciais

3_Ver nota 4, sobre o trabalho de Hofstadter.

ou jurídicos, a denominar toda forma de projeção de culpa, de deslocamento. O antissemitismo foi, no nazismo, a base da arquitetura de sua política de perseguição e eliminação.

E o fenômeno neonazista? Ele se distingue em alguns pontos: o neonazista se julga em diáspora, ameaçado por genocídio, em minoria do mundo, subverte a história, toma-se como vítima do judeu. O neonazismo existe em células, que normalmente não têm contato umas com as outras, e em movimentos que lutam para ascender ao "status" de "grande movimento do povo branco". Sem uma liderança, felizmente, os diversos movimentos neonazistas não prosperavam. Mas, desde a passeata de supremacistas, klans, neoconfederados e neonazistas na Virgínia, EUA, em 2017, esses movimentos tentam se integrar, com algum sucesso. Esse é o grande perigo.

Esses movimentos são extremamente heterogêneos, cada grupo articulando, a partir de uma narrativa bidimensional (mítica e biológica), um modo característico de ler elementos históricos, sociais, míticos, biológicos, religiosos ou de qualquer outra ordem, dentro de um grau específico de nazificação. Sob uma ótica radicalmente racializada e com certos aspectos paranoicos,[4] formatam uma noção de "nós" como "o povo branco", superior, que se contraporia ao "outro" por ele construído como "inimigo" e profundamente odiado. Sua "sobrevivência" dependeria de uma masculinidade exacerbada, exaltada, violenta, nacionalista, radicalmente antissemita, disposta a morrer pela causa defendida e pela perpetuação do grupo, colocando-se em estado permanente de alerta, "sob ameaça" e em "guerra".

4_Refiro-me ao termo cunhado por Richard Hofstadter, professor de História americana na Universidade de Columbia, em 1964, em um ensaio germinal "The Paranoid Style in American Politics", no qual descreve a presença de um "estilo paranoico" na política estadunidense, em diversos movimentos, como o movimento antimaçônico, o movimento anticatólico, em cronistas populistas que construíram uma crença na grande conspiração de banqueiros internacionais, na ala direita americana contemporânea e em vários outros grupos. Não se confunde aqui com o estado de psicopatologia, mas sim a esse "estilo paranoico"

ANTISSEMITISMO,

A questão crucial aqui é o volume de crenças (as crenças paranoicas se entendem como capazes de explicar todos os fenômenos do mundo, e analisam seus elementos centrais como motriz dos grandes elementos históricos).

Destaco três pontos do antissemitismo contemporâneo. O primeiro é a forma particular de ler "raça", que deixa de ter vínculo com ancestralidade e língua para expressar um mito validado pelo mundo simbólico (como uma narrativa) e pela crença na presença de "genes brancos" (em que se aceitaria uma pequena parcela de ancestralidade não branca, que varia conforme o grupo). Para esses grupos, a palavra raça é tratada e legitimada como uma narrativa social bidimensional (mítica e biológica) e por um modo superespecífico de ler elementos históricos, sociais, míticos, biológicos, religiosos ou de qualquer outra ordem. Raça é uma palavra que serve para definir quase tudo, envolta numa polissemia complexificada no léxico desses grupos: é pele, nação, uniforme, cultura.

Em segundo lugar, o antissemitismo se une a um culto à masculinidade e ao nacionalismo para construir, cultivar e cultuar ódios. Há uma imensa discussão de gênero nos grupos neonazistas. Como apontou Kathleen M. Blee, "o gênero importa nos grupos da supremacia branca, pois eles promovem a discriminação racial como forma de preservar os privilégios da masculinidade branca". As mulheres são muito discutidas nas falas dos grupos, e há grupos apenas para mulheres, como a WAU (*Woman Aryan Unity*), pois são um *locus* que garante a preservação da raça, a catalisação de ideias para crianças, a fidelização de ações. Muitas são vistas como ativistas importantes, nunca são os elementos criadores, mas as que apoiam o movimento. As mulheres são bem menos pessoas e muito mais um lugar de reprodução, ditas muitas vezes como "úteros brancos", muitas vezes lidas como objetos idealizados, "belezas a serem preservadas, obras de arte a serem roubadas de relações inter-raciais", uma mercadoria que assegura a preservação, para os nazistas, dos privilégios da masculinidade "ariana". A cultura armamentista, antiLGBTQI+ e o cultivo do estupro como arma de guerra racial são elementos que também demonstram a exacerbação do culto à masculinidade desses grupos.

Em terceiro lugar, o antissemitismo contemporâneo retrata o judeu como "o poder a ser combatido", por dominar os Estados ZOG (sigla para governos dominados por "zionistas", apelido que os neonazistas dão aos sionistas) e retrata o homem branco como "diaspórico, em minoria e sob ameaça de genocídio" pelo judeu. Essa inversão, comum nos movimentos neonazistas, é estratégica para eles. Há grupos supremacistas brancos e neonazistas que planejam derrubar governos e assumir o controle dos países onde se constituem. Eles defendem que em determinados momentos é necessária uma violência mais explícita. Nos Estados Unidos, os *boogaloo boys* ou *boogaloo bois* (nome tirado de um filme dos anos 1980), fazem ações violentas contra o governo federal ou opositores políticos de esquerda, objetivando uma guerra racial. Disseminam teorias de desinformação e de conspiração, realizam ataques à infraestrutura, como hospitais em tempos de pandemia, ou trens e metrôs, e apoiam o terrorismo de lobo solitário.

ÓDIO NEONAZISTA HOJE

É como bolcheviques que os judeus do sul da Rússia foram massacrados pelos exércitos de Petliura (Simon, líder ucraniano), embora as forças de Sokolov os tenham massacrado como se fossem partidários de Petliura, as forças de Makhno como burgueses capitalistas, as forças de Gregoriev como comunistas e as forças de Denikin como, ao mesmo tempo, bolcheviques, capitalistas e nacionalistas ucranianos. É a antiga fábula de Esopo.

Israel Zangwill, *Jewish Chronicle*, 23 de janeiro de 1892

Os neonazis do século XXI são profundamente antissemitas, assim como os dos séculos que os antecederam. Raul Hilberg diz que "os nazistas do século XX, como os antissemitas do século XIX, e os religiosos da Inquisição do século XVI, consideram todos os judeus como hostis, delinquentes e parasitas".[5] Para o antissemita contemporâneo, genética e mítico se misturam, sempre criando uma bidimensão,[6] introduzindo a ideia de que os símbolos "acordariam a memória genética" (isso é repetido em todos os fóruns, centenas de vezes, de várias formas) ou os "genes abririam a alma ao mito" (outra fórmula muito comum nos fóruns nazistas). O ódio emocional aos judeus deveria ser elaborado então de forma intelectual. O próprio Hitler distinguiu em seus textos duas formas de antissemitismo: o emocional (*gefühlsmássigen*), modo em que a expressão suprema

[5] *El judío sigue siendo (1) un enemigo que ha conseguido lo que ningún enemigo externo ha alcanzado: expulsar a los pobladores de Fráncfort hacia as afueras; (2) un iminal, un bruto, una bestia de esa, que comete ntos delitos que su eliminación permitiría al eichstag reducir el código penal a la mitad, y (3) una plaga o, más recisamente, un rmen de cólera. Bajo el régimen nazi, estas concepciones del judío se expusieron y repitieron en un flujo casi interminable de discursos, carteles, cartas y memorandos.* (R. Hilberg, *La destrucción de los judíos ropeos*, Madrid, Akal, 2005)

[6] Isso encontra ressonância no nacional socialismo de red Rosenberg. Hilberg, 1961, p. 37).

seriam os *pogroms*;[7] e o antissemitismo estabelecido pela razão (*Vermm/t*).

O elemento mítico nos sites neonazistas não se preocupa mais com a linhagem de sangue e de língua. "Raça", como dito anteriormente, é um construto narrativo, apoiado por um lado na força mítica, e por outro em questões de léxico genético, uma forma de legitimar a narrativa, mas sem qualquer apoio na genômica contemporânea. A ideia se aproxima da teoria sustentada pelo nazista Alfred Rosenberg em *O mito do século XX* de que o centro da narrativa nacional-socialista deveria estar no mito, não na ideia biológica de raça:

> uma nação sem mito vagueia sem rumo pela história. O mito dá propósito e significado à civilização. O mito faz de um povo uma nação, de uma nação uma raça e de uma raça um colaborador do mundo. O mito molda a raça para que ela possa realizar o potencial de seu indivíduo. O mito nos conscientiza de que somos uma raça, e não apenas um conglomerado arbitrário, sem propósito e mal definido de homens e mulheres.

Os sites, fóruns e comunidades neonazistas, assim como os grupos que os produzem, delimitam tabus: qualquer tentativa de se tecer um mínimo elogio a negros e judeus,[8] em fóruns ou listas de discussão, provoca reações fortíssimas, muitas vezes expulsões. E qualquer falha de caráter apresentada ao grupo, em algum momento, mesmo de um membro antigo, é explicada por parentesco a eles ou

[7] O termo *"pogrom"* vem do russo погром [pe'grom] e significa "devastação", "destruição", "motim". Ele surgiu em conexão com ataques a judeus na Rússia na década de 1880. O conceito deve ser diferenciado da devastação e destruição que acompanham toda guerra, caso contrário, qualquer ato de guerra seria conceitualmente um *pogrom*. Saques, estupros, assassinatos ou genocídios são frequentemente associados a um *pogrom*. Ver W. Bergman, "Pogrome", in Wilhelm Heitmeyer, John Hagan (or) *Internationales Handbuch der Gewaltforschung*, Westdeutscher Verlag, Wiesbaden 2002, p. 441-46

doença genética por esse parentesco. Nos relatos, exemplos peculiares de narrativas rituais, o processo de "se descobrir ariano" ganha status de iluminação e a vida, a partir dessa descoberta, um "real sentido". Outro interdito aparece nas linhas, por vezes nas entrelinhas: é preciso cuidar para que "a liberdade de expressão não seja castigada pelo poder público". Há grande medo de que o poder estabelecido os proíba de falar abertamente a respeito de seu ódio racial.

Outro elemento presente é o negacionismo do Holocausto, ao qual Jean Baudrillard se refere como o fato mais assustador e incompreensível da História moderna, com seu caráter de extermínio em massa, planejado e burocrático. Os neonazistas são quase sempre negacionistas, com raríssimas exceções. Negam a historiografia da perseguição aos judeus desde Roma, passando pela Inquisição até chegar ao Holocausto.

O movimento de extrema-direita nos Estados Unidos é composto por um espectro que vai desde as mais variadas organizações relacionadas à Ku Klux Klan, fortemente nazificadas depois dos anos 1960, como uma resposta de ódio à luta pelos direitos civis, até os grupos que nacionalizam debates a respeito da segregação racial na África do Sul. Há os autodenominados neoconfederados, neonazistas, extremistas religiosos racistas e *skinheads* racistas. Cada um desses grandes grupos abriga centenas de movimentos, e ao todo somam milhares de células. Muitas pessoas disputam a liderança do movimento como um todo, e cada grupo se especializou de forma a se legitimar como mais verdadeiro, mais puro, mais branco, para autenticar seu líder.

8_Embora haja os sites menções negativas a outras minorias, como ciganos, armênios e homossexuais, estes tratados como deficientes morais, este trabalho se centra na análise do judeu e do negro, seu objeto de ódio privilegiado. Acerca da homossexualidade, transcrevo um texto do site Valhalla 88: "homossexualismo é uma perversão repugnante que infelizmente passou a ser aceita na sociedade politicamente correta (leia-se idiotizada) em que vivemos; qualquer pessoa com um mínimo de inteligência constata, sem muito esforço, que este é um comportamento completamente antinatural. Não fossem os anos de domínio judaico dos meios de comunicação, certamente o homossexualismo ainda seria encarado como uma doença."

Ao mesmo tempo, há um solo fértil comum em todos eles, e se é verdade que todos são racistas, paranoicos, homofóbicos, de veio ideológico negacionista com relação ao Holocausto, antissemitas e adoradores do universo hitlerista,[9] também é verdade que todos esperam que os Estados Unidos ocupem o lugar de grande nação libertadora dos povos brancos do mundo.

Por outro lado, alguns neonazistas dos EUA, como David Lane, condenado pelo assassinato de um comunicador judeu, Allan Berg, sempre defendeu que a salvação do "mundo branco" viria da Rússia e de seus aliados, visto que o governo organizado dos EUA nunca deixaria de apoiar os judeus.

No Brasil, infelizmente, desde a década de 1980 existe literatura neonazista e/ou antissemita disponível. Surgiram os primeiros livros da Editora Revisão, com amplo conteúdo antissemita e conspiratório, negando o Holocausto e publicando diversos livros racistas. Também surgiram as primeiras traduções de textos neonazistas dos EUA, entre outros de William L. Pierce, fundador da *National Alliance*, e David Lane. Com o advento das novas redes sociais via web, a comunicação e a socialização de material neonazista explodiram, e dezenas de milhares de páginas passaram a distribuir links para download de material em português.

A grande maioria das células do Brasil lê todo tipo de material neonazista, independente da origem ou denominação. Há poucos grupos "de linhagens" propriamente ditas: mais de 80% das células neonazis organizava material para download com fontes diversas, de grupos que

9_Denomino universo hitlerista os símbolos neopagãos do regime nazista, como a suástica, as runas, a linguagem expressa por siglas, entre outras características que os neonazistas dos Estados Unidos adotaram, com as biografias dos oficiais nazistas transformados em grandes heróis no negacionismo histórico. Hitler e seus oficiais são considerados mártires da raça branca e exemplos a serem seguidos

ANTISSEMITISMO, em outros países jamais seriam vistos juntos. Essa é uma característica pouco vista em outros lugares. No geral, no restante da América Latina, os grupos possuem uma "linhagem" mais definida: ou seja, ou surgem de uma ligação mais forte dos membros com um determinado tipo de ideologia neonazista, ou são, mais frequentemente, próximos do hitlerismo esotérico de Miguel Serrano, o chileno amigo de Pinochet.

O neonazismo chegou no Brasil por várias fontes e muitos fatores: um deles é o fato de que durante a Segunda Guerra Mundial várias mídias nacionais em língua portuguesa ou outras exaltavam o partido hitlerista. Quando Vargas finalmente entrou na guerra, proibiu toda publicação favorável ao nazismo. Nas escolas pouco se estudou o tema, a lei nacional contra o nazismo e o neonazismo é mínima e criminaliza poucos símbolos, além de ser muito subjetiva. Nenhum governo fez um projeto de desnazificação das mentalidades, e os neonazistas já estavam imersos dentro de uma narrativa social quando chegaram as redes sociais. As traduções não fizeram classificações: tudo foi traduzido pela vontade dos tradutores, os "iniciados".

Em 2009, dois dos maiores grupos neonazistas do Brasil se enfrentaram quando um deles planejou e assassinou dois líderes do outro. Os membros que sobreviveram à investigação se exilaram em grupos menores, para se proteger, mas não se desvincularam do tema, em sua maioria.

Some-se a isso a chegada ao Brasil de grupos neonazistas da Rússia e da Ucrânia (em especial o Batalhão Azov, o *Misanthropic Division*, e outros pequenos grupos ligados aos partidos ultradireitistas que venceram a eleição ucraniana de 2019) e um cenário ideal para nazificação se instalou.

    O neonazista vê na raça, na conspiração mundial judaica e na presença dos imigrantes (no Brasil esse componente é quase todas as vezes substituído pelo nordestino), elementos que se entrelaçam e se explicam. O neonazista difama os judeus como sub-raça e dentro dessa concepção absurda os imagina desejando a eliminação da raça branca, por esta ser superior. Na versão neonazista o mundo é baseado na intencionalidade: há um poder judaico que governa todas as ações governamentais, políticas e econômicas globais. Essa força criou o capitalismo e o comunismo, opera por meio de governos e determinou, entre outras coisas, a presença dos jovens negros nos esportes, para mexer com a libido das mulheres brancas e criar espaço para casamentos inter-raciais, a liberação da homofobia, o feminismo – enfim, tudo que os neonazistas consideram "o mal". Qualquer força progressista contra seu mundo racial conservador é vista como engendrada por este poder judaico mundial. O elemento de causalidade está vinculado ao judaísmo, e a própria negação do Holocausto faz parte da narrativa desse processo.

    A segunda característica conspiratória presente no movimento neonazista é a crença no "nada é o que parece". As aparências iludem, pois conspiradores desejam embaçar mentes e emoções a fim de disfarçar suas identidades ou suas atividades. Assim, a aparência de inocência é considerada a pior garantia de que um indivíduo ou grupo é benigno.

ANTISSEMITISMO,

Na verdade, toda e qualquer atividade – as cotas em universidades às minorias, por exemplo – não é garantia de igualdade, mas racismo contra brancos.

Em terceiro lugar, para eles tudo está conectado. Não há acaso, acidentes. O símbolo da suástica pode despertar a convicção racial num homem verdadeiramente branco, mas se você não é verdadeiramente branco nunca irá entender o simbolismo, que se conecta apenas aos genes brancos, pela conexão entre biologia e alma. Números, versículos bíblicos e ideias se amalgamam num sentido particular e tido como verdade absoluta por seus seguidores, em detalhes que nos parecem um show em que perdemos metade das referências, do roteiro e do enredo.

QUANTOS ESCOLHERAM ODIAR?
Existem, segundo dados da *Southern Poverty Law Center* (SPLC) mais de novecentos grupos de ódio racial nos EUA.[10] Desagregando os dados, até agosto de 2018, encontrei 689[11] células com discurso neonazista ou em processo de nazificação, como grupos antiLGBTQI+, anti-imigração ou ligados ao *Red October* (que apoiam, à sua maneira, o grupo de mesmo nome da África do Sul, que defende direitos dos brancos).

Os quatro maiores macrogrupos são os da Ku Klux Klan (mais de duas dezenas de tipos grupos de Klan, em 162 células). Os outros são: Neonazistas em geral (143 células), Nacionalistas Brancos [*White Nacionalists*], com 129 células, e *Skinhead Neonazis*, com 126 células. Grupos menores são: 37 células da denominada Identidade Cristã, 36 células dos Neoconfederados, 22 células de organizações

[10]_Disponível: <http://www.splcenter.org/get-informed/hate-map>.
[11]_Encontrei mais grupos, mas esses são os listados pelo SPLC.

antiLGBTQI+ nazificadas, ou em processo de nazificação, nove células ativas ligados à produção de música racial, com diversas bandas e cantores, nove células de negacionistas e, enfim, nove células neonazis ou em processo de nazificação que trabalham fortemente com a questão anti-imigração.

Nos grupos antiLGBTQI+, considerei como processo nazificador, além do ódio aos gays, a negação da morte dos gays e lésbicas sob o regime nazista alemão, inclusive em campos de concentração. Nos grupos anti-imigrantes, há um amplo espectro, desde os racistas mais "brandos", que defendem a legalização dos imigrantes e um lugar separado para eles, com leis específicas, aos que falam em não deixar possibilidade nenhuma de "contaminação" com a migração e culpam os judeus pela chegada dos latinos.[12] Em um dos sites desse último bloco há um imenso material negacionista do Holocausto.

No Brasil, os grupos anti-imigrantes são substituídos por grupos antinordestinos. Os grupos religiosos integristas superconservadores assumem o lugar da Identidade Cristã, ainda pouco difundida, embora já tenha chegado a algumas cidades. A grande maioria dos grupos brasileiros se encontra na web em sites e fóruns, não necessariamente neonazistas, para comunicação e socialização. Alguns participam de diretórios e fóruns de supremacia, e mostram conhecer a metodologia do autor neonazista William Pierce de organização de quadros, que estabelece diferentes tipos de propaganda para obter novos membros e angariar simpatias do "homem branco médio". Uma boa parte oferece o

12_Em vários desses grupos anti-imigrantes há neonazis infiltrados. A questão veio à tona quando um neonazi conhecido, JT Ready, cometeu uma série de assassinatos e seu vínculo com o movimento foi exposto. Em 2012, ele matou sua namorada de 47 anos, Lisa Mederos, a filha de Lisa, Amber Mederos, de 22 anos, o namora(do) de 22 anos de Amber, Jim, e u(ma) garotinha de um ano de idade.

Parazite[13] como referência para informação sobre como realizar crimes. A grande maioria se organizou em células, que não necessariamente se comunicam com outras na vida não hypermediada.

Na formação da internet, as células ou grupos se comunicavam com poucas outras. Usavam mais a rede para sites institucionais, blogs e proselitismo. Com o advento das redes sociais, das redes *Peer-to-peer*[14] e dos fóruns houve um aumento explosivo dessa comunicação entre os grupos na web e na deep web. Além disso, no Brasil muitos grupos se dedicam a criar zines e revistas neonazistas e produzir material de download sobre o nazismo, a negação do Holocausto, o que denominam "Quarto Reich" (a nova era hitlerista) e líderes neonazistas, traduzindo material dos EUA e da Rússia, disponibilizando álbuns e vídeos de músicas neonazistas, enfim, criando uma quantidade imensa de material de ódio que é baixada por uma quantidade enorme de pessoas.

Enquanto eu pude localizar 349 células de grupos de ódio no Brasil, em diferentes níveis de nazificação, com números de membros que variam de quatro a noventa por célula (dados atualizados em junho de 2020), a quantidade de pessoas que faz download do material produzido por elas é imensamente superior: passavam de 500 mil pessoas, em março de 2020. No Brasil os grupos com maior número de células são os grupos neonazistas de fundo ultranacionalistas/supremacista, os hitleristas, os ultraconservadores religiosos, os neofascistas/neonazistas de muitas linhagens e os nacionalistas e neonazistas de linhagem de grupos russos

---

13_O domínio "Parazite" ensina como roubar carros, enganar sistemas de áudio dos seguros dos carros roubados, bloquear radares na estrada, efetuar assaltos, fraudar cartões de crédito (com regras específicas para cada país), invadir contas bancárias, roubar residências, furtar máquinas de alimentos tomáticas, viajar assaltar por todo o país (nos EUA). Também ensina a fabricar bombas e colocá-las em tubulações de modo a potencializar seu efeito, utilizar napalm, criar explosivos básicos, inclusive com produtos químicos domésticos e fertilizantes e fazer um cronômetro de detonação, entre outros muitos itens.

14_Redes sociais que se formam em torno de compartilhamentos de artigo. Algumas são bastante fechadas, exclusivamente para grandes pacotes de artigos, livros (os neonazistas preferem redes menos procuradas).

ou ucranianos e os ligados a *skinheads* ou às bandas RAC.

As pessoas que baixam quantidades enormes de material neonazista[15] estão interessadas no conteúdo de ódio. Talvez nunca participem de uma célula, talvez estejam procurando uma célula para participar. Estão devorando o material que os grupos produziram, lendo a obra de Adolf Hitler, *Mein Kampf*, livros de antissemitas famosos, como George L. Rockwell, William Pierce e David Lane, e consumindo músicas "para brancos". Desejam ucranizar (um eufemismo pra neonazificar) o Brasil, e estão prontos para uma guerra racial.

Muitos grupos ultraconservadores antissemitas são influenciados pela obra de Paul de Lagarde (1827-1891) e suas posições ideológicas acerca da religião. Lagarde defendia uma religião cristã sustentada na tradição luterana, mas revigorada pela ideologia nacionalista, e vendo em Cristo "a última flor dos judeus": para ele os judeus da Europa não podiam ser considerados israelitas e sim "bacilos, vermes" que contaminavam o estado germânico. Lagarde é amplamente citado quando se menciona os capitalistas judeus, defendendo seu extermínio rápido. Esses grupos podem até defender a separação de Israel como Estado, mas, no limite, jamais aceitaram os judeus como um grupo autodeterminado e livre, em qualquer parte do mundo.

PARA PENSAR O QUE FAZER

A judeofobia e o antissemitismo contemporâneos pretendem dar a impressão de não serem racistas ou antissemitas. Muitas construções de linguagens são constituídas por afir-

[15] Considero grandes downloads apenas aqueles que baixam cem ou mais arquivos de 100MB de material.

ANTISSEMITISMO, mações duvidosas, desenvolvidas de modo a parecer menos sujeitas à discussão. Mas os grupos neonazistas replicam continuadamente uma linguagem violenta sobre os judeus, fixando estereótipos, descrevendo-os como "parasitas", "ratos", "bacilos", "vermes", "lixo genético", "cria de Satã" ou "sub-humanos", com um objetivo muito bem definido: as palavras tornam-se um veneno que despessoaliza o judeu para fazê-lo menos humano, menos pessoa. Pretendem assim ao mesmo tempo naturalizar e negar Auschwitz e o Holocausto, e instrumentalizar as vítimas como responsáveis pelas atrocidades sofridas.

A contínua repetição dessas fórmulas deseja afetar o senso comum do "homem normativo", para dar uma pintura nos conceitos que representam, mas que reproduz um tipo extremo de violência, aquilo que Adriana Cavarero, em *Horrorism: Naming Contemporary Violence*, denominou "horrorismo": os que "ofendem a condição humana em seu nível ontológico", como o estado criminal, regime de assassinato, orgias de violência, criminosos de guerra ferozes, atrocidades terríveis. O discurso não percebe as vítimas como humanas. Permanecem vivos os eternos criadores do "boato sobre os judeus", como muito bem definiu Adorno, enquanto permanece vivo o neonazismo e sua máquina de produzir sujeitos que caluniam, suspeitam, indagam, questionam, mentem, deformam, estereotipam, infamam, maculam, mancham, difamam, interrogam, desconfiam, receiam, intimidam, desfiguram, desumanizam.

Nesse "horrorismo" os neonazistas desejam que suas vítimas contemplem e/ou experimentem uma intensa violência repugnante e a desfiguração humana, que "ultrapassa o objetivo elementar de tirar uma vida e dedica-se a destruir o vivente como um corpo singular", segundo Cavarero.

Permanece necessário, como afirmou Adorno, uma educação permanente contra Auschwitz. Permanece ainda mais necessário, como afirmou Durkheim (1899), que todas as pessoas razoáveis "em vez de se contentarem com uma repreensão casual, possam ter coragem de declarar seus sentimentos em voz alta e unir esforços para combater vitoriosamente essa loucura pública.

Referências Bibliográficas

BAUDRILLARD, J. *A transparência do mal. Ensaio sobre os fenômenos extremos*. Campinas: Papirus, 1990.

BRUSTEIN, W. I.; R. D. King. "Anti-Semitism in Europe Before the Holocaust". *International Political Science Review*, vol. 25, n° l, 2004, p. 35-53.

CAVARERO, A. *Horrorism: Naming Contemporary Violence*. New York: Columbia University Press, 2011.

COHEN, M. "Auto-Emancipation and Anti-Semitism (Homage to Bernard-Lazare)". *Jewish Social Studies* vol. 10, 2003, p. 69-77.

COX, J. "Conspiracy Theories Say Israel Did It." *USA Today* (September 28, 2001), 14A.

DAGAN, H. *Enquete sur l'antisemitisme*. Paris: P. V Stock, 1899.

DURKHEIM, E. "Anti-Semitism and Social Crisis". Translated by Chad Alan Goldberg'. In: Sociological Theory, vol. 26, n° 4, 2008 [1899], p. 321-323.

HILBERG, R. *La destrucción de los judíos europeos*. Madrid: Akal, 2005.

HOFSTADTEr, R. *The Paranoid Style in American Politics and other Essais*. New York: Vintage Books, 2008 [1964].

SARTRE, J. *A questão judaica*. Trad. Mário Vilela. São Paulo: Ática, 1995.

STOETZLER, M. *The State, the Nation and the Jews, Liberalism and the Antisemitism Dispute in Bismarck's Germany*. Lincoln and London: University of Nebraska Press, 2008.

STOETZLER, M. "Antisemitism, Capitalism, and the Formation of Sociological Theory". *Patterns of Prejudice* vol. 44, n° 2, 2010, p. 160-193.

TAGUIEFF, P. A. *Rising from the Muck: The New Anti-Semitism in Europe*. Translated by P. Camiller. Chicago: Ivan R. Dee, 2004 [2002].

"

O racismo tinha o silêncio como resposta e hoje tem aplausos".

MV BILL _ Portal Geledés, 14.5.2019

"

Por que, num mundo cada vez mais plural, tanta gente não consegue tolerar a diferença?"

EMICIDA _ Revista *Trip*, nov. 2011

ANTISEMITISMO,

ALT-RIGHT E FAR-RIGHT

VETORES DO CRESCIMENTO EXPONENCIAL DO ANTISSEMITISMO

Michele Prado

Michele Prado _ Baiana, 42 anos, é microempreendedora nos ramos de decoração e alimentação e pesquisadora independente da *Alt-right* e *Far-right*. Está escrevendo o livro: *Tempestade ideológica: um raio X do bolsonarismo.*

ANTISSEMITISMO,

Ondina – Salvador, 20 de junho de 2013

Era umas das manifestações de junho de 2013, hoje já presente no imaginário popular e político do Brasil. Naquela noite, a polícia bloqueou, como se fosse durante o carnaval, as principais avenidas de acesso à Ondina e eu precisei caminhar desde o Rio Vermelho até minha residência, me tornando espectadora e também coadjuvante dos acontecimentos.

No meio daquela multidão, vi muitos jovens cantando clássicos da Música Popular Brasileira dos anos 1970 e 1980, outros gritando palavras de ordem, uma quantidade considerável de pessoas com os rostos cobertos por suas camisas e várias bandeiras. Havia bandeiras de Cuba, da CUT, do grupo virtual de hackers denominado *Anonymous* e, aquilo que me chamou mais atenção, havia muitas bandeiras da Palestina.

Atravessei a multidão, que estava convicta no objetivo de "fazer parte história" (fizeram mesmo), e cheguei em casa. Menos de uma hora depois, começaram os sons de tiros, bombas, gritos desesperados e vidros quebrando. Os manifestantes se sentaram na entrada da avenida Adhemar de Barros após a ordem da PM-BA para esvaziarem a manifestação. As bombas de gás lacrimogênio substituíram os sons dos trios elétricos comuns naquela região.

Vitrines de lojas, bancos (o antigo Citibank teve toda a sua fachada depredada), pontos de ônibus e semáforos foram vandalizados. Na manhã do dia seguinte, uma bandeira da Palestina estava jogada no chão, no meio-fio da avenida.

Farol da Barra – Salvador, 13 de março de 2016
Na maior manifestação popular da história do Brasil eu também estava presente. Mas, desta vez, não por acaso. Era protagonista também, não uma coadjuvante ocasional.

    Do Porto da Barra até o Cristo de Ondina, tudo estava lotado. Na orla mundialmente famosa pelo carnaval, parecia mesmo o carnaval. E, mais uma vez, muitos cartazes e bandeiras e gente de todas as faixas etárias.

    Três anos depois, o mesmo cenário abrigava agora bandeiras diferentes. As camisas que geralmente só utilizávamos durante a Copa do Mundo, e em disputas esportivas internacionais, viraram a "farda" nas manifestações. Cartazes antiPT (Partido dos Trabalhadores) e contra corrupção além de muitas bandeiras do Brasil (tanto do período do Império quanto da República) eram a maioria. Havia algumas bandeiras norte-americanas e uma bandeira de Israel.

    Uma mudança no *Zeitgeist* estava em curso, era o que aparentava.

Brasília, 1º de janeiro de 2019
Pela primeira vez, um primeiro-ministro de Israel no exercício do cargo, Benjamin Netanyahu, envolvido à época com denúncias, compareceu à posse de um eleito à Presidência da República Federativa do Brasil. Nessa cerimônia, muitas mais bandeiras de Israel foram avistadas na multidão.

Brasil, 16 de janeiro de 2020
    Um vídeo institucional, da Secretaria Especial de Cultura, foi compartilhado nas redes sociais, na noite do

ANTISSEMITISMO, dia 16 de janeiro de 2020, para divulgar e promover o Prêmio Nacional das Artes.[1]

O então Secretário de Cultura, Roberto Alvim, proferiu um discurso com três trechos copiados das falas do ex-Ministro da Instrução Pública e Propaganda do Reich nazista, membro do Partido Nacional-Socialista alemão e braço direito de Hitler, Joseph Goebbels. Tendo como trilha sonora a ópera *Lohengrin*, de Richard Wagner, o vídeo institucional, de estética que mimetizava as produções audiovisuais nazistas, reproduziu as seguintes falas de Goebbels:

> Uma arte que no fim cria a sua própria qualidade a partir da nacionalidade plena (...) e que tem significado para o povo para o qual é criada.[2] "Tampouco o cinema pode ficar alheio às imensas transformações intelectuais e políticas". A arte alemã da próxima década será heroica, será objetiva e livre de sentimentalismo, será nacional com grande *páthos* e igualmente imperativa e vinculante, ou então não será nada.

O Secretário especial de Cultura foi exonerado no dia seguinte, mas somente após protestos.

Brasil, 2020

Para um observador desatento, a mudança – entre 2013 e 2019 – das bandeiras nas manifestações de rua, a presença de um mandatário israelense na posse presidencial, as bandeiras de Israel naquela cerimônia e nas subsequentes

---

[1] Disponível em: <www1.folha.uol.com.br/lustrada/2020/01/em-video-alvim-cita-goebbels-e-provoca-onda-e-repudio-nas-redes-sociais.shtml>.

[2] P. Longerich, *Joseph Goebbels, uma biografia*, Rio de Janeiro: Objetiva, 2014.

e repetitivas manifestações pró-Bolsonaro durante 2019, tudo isso era sinônimo de um governo e um espírito do tempo não antissemita.

Os desatentos não perceberam que as bandeiras de Israel nesses eventos eram somente símbolos de reação contra a esquerda dentro do contexto dos conflitos Israel x Palestina (assim como o inverso também ocorre) e que o Bolsonarismo não é, nunca foi, Conservadorismo e Liberalismo (apesar de tantos influenciadores nas plataformas digitais terem feito parecer), mas sim uma "Tempestade Ideológica" forjada nos conceitos da *Alt-right* e *Far-right*. Esses movimentos são ultranacionalistas, antimodernidade, antiliberais e supremacistas, e encontraram na internet um meio para que suas ideias saíssem da marginalidade e arregimentassem mais adeptos. Conseguiram. E as ideias têm consequências.

ALT-RIGHT NÃO É PENSAMENTO CONSERVADOR NEM LIBERAL

Mas o que é *Alt-right* e de que maneira tem relação com o antissemitismo?

O movimento *Alt-right*, no significado exato, é Direita Alternativa. Esse termo foi utilizado pela primeira vez durante uma palestra do paleoconservador[3] Paul Gottfried, posteriormente, em 2009, denominou o site do autodeclarado supremacista norte-americano Richard Spencer. Durante muitos anos, desde 1950, o movimento conservador norte-americano conseguiu manter as correntes radicais e extremistas longe do debate público. William F.

3_Paleoconservadorismo refere-se a uma vertente radical do conservadorismo norte-americano que preconiza o tradicionalismo (em questões de gênero, etnia e raça), o anticomunismo, uma política externa não intervencionista, mas um governo forte e intervencionista. Além disso, defende regionalismo, nacionalismo, protecionismo e isolacionismo.

ANTISSEMITISMO, Buckley, fundador da *National Review*, não tolerava discursos radicais, antissemitas, racialistas e antiliberais. Expurgos eram frequentes, com Buckley policiando "as fronteiras do conservadorismo", informa o *scholar* George Hawley em *Right-Wing Critics Of American Conservatism*.[4]

A partir da queda do muro de Berlim, em 1989, e o subsequente colapso da União Soviética, o anticomunismo, que era a costura do tecido que mantinha a frágil coalisão entre diversas correntes ideológicas da direita (Libertários, Conservadores do *mainstream*, Paleoconservadores, Neocons, Objetivistas e Liberais clássicos) arrefeceu e as diferenças entre essas correntes ficaram mais explícitas e, em determinados casos, irreconciliáveis.

Um dos elementos que causava fissuras no bloco conservador era o caráter judaico dos neoconservadores. A maior parte dos primeiros *neocons* eram judeus de Nova York (Norman Podhoretz, Nathan Glazer, Kristol, Sidney Hook, para citar alguns exemplos) e os conservadores tradicionais receavam que *neocons* fossem mais leais a Israel do que aos EUA.

Sem o fio condutor que unia essas correntes díspares, o anticomunismo, a partir da Guerra do Golfo as diferenças se avolumaram e Pat Buchanan foi acusado de ser motivado pelo antissemitismo.

[4] G. Hawley, *Right-Wing Critics of American Conservatism*, Lawrence: University Press of Kansas, 2016.

Pode não haver uma definição oficial do termo mas quando um homem afirma falsamente que é vítima de uma campanha de difamação orquestrada e planejada pela Liga Antidifamação; quando ele é hostil a Israel; quando ele abraça a OLP apesar de estar em total desacordo com sua filosofia política; quando ele sugere que judeus estão tentando arrastar a América para a guerra por causa de Israel; quando ele espalha suas colunas com comentários zombeteiros sobre coisas judaicas; quando ele se mobiliza em defesa de criminosos de guerra nazistas, não apenas daqueles que protestam sua inocência mas também daqueles que confessam sua culpa; quando ele sugere que a interpretação geralmente aceita do Holocausto pode ser um sério exagero – quando um homem faz todas essas coisas, certamente é razoável concluir que suas ações estão de acordo com a definição de antissemitismo.[5]

O *establishment* do Partido Republicano e o *mainstream* conservador conseguiram ter êxito em afastar figuras racistas e antissemitas somente até determinado ponto. Com a revolução na comunicação ocasionada pela internet, as ideias e conceitos que até então eram mantidos marginais encontraram um grande palco para serem compartilhados e defendidos. Em 2008, surge a *Alt-Right* essencialmente online e recuperando visões radicais e extremistas que anteriormente eram expurgadas pelo movimento conservador antes que tomassem caminhos perigosos e angariassem mais adeptos.

Em 2008, no Clube H.L. Menckel, o professor de filosofia Paul Gottfried proferiu uma palestra para um pequeno grupo de intelectuais. Gottfried é um Paleoconservador –

[5] Disse Joshua Muravchik, durante a ascensão de Buchanan no debate público norte-americano (1992/1996). Ver G. Hawley, op. cit.

ANTISSEMITISMO, corrente tradicionalista que tem aversão à imigração, ao multiculturalismo, ceticismo em relação ao livre comércio, contra intervenções militares dos EUA em outros países e intransigente em relação às questões de gênero, raça e hierarquia social. "Somos parte de uma tentativa de construir uma direita intelectual independente, que existe sem financiamento do *establishment* do movimento conservador com o qual nossos oponentes ficariam encantados em não ter que lidar. Nosso grupo também está cheio de jovens pensadores e ativistas, e se houver uma direita independente, nosso grupo terá que se tornar líder", ele disse. E completou: "Uma pergunta que foi feita nesta sala é por que não tentamos nos juntar ao movimento conservador oficial. Esse movimento controla centenas de milhões de dólares, redes de tv, séries de jornais, revistas, inúmeras fundações e institutos e um bando de loiras reais e descoloridas na Fox News."[6]

Dois anos após essa palestra de Gottfried, seu pupilo intelectual, Richard Spencer, fundou o site *AlternativeRight.com* e a revolução online começou. Com postagens curtas sobre política e foco nas questões étnicas e raciais, contra o politicamente correto e com teorias racialistas, Spencer foi ganhando notoriedade online, especialmente entre jovens. Divulgava charlatanismo científico no qual ligava QI às raças. Defendia um etnoestado, "um reino que seja nosso e sempre seguro para os brancos", ele disse em entrevista ao autor Mike Wedling em *Alt Right, From 4chan to The White House*.

Quando houve o atentado terrorista de extrema-direita executado pelo norueguês Anders Breivik (77 pessoas

[6] M. Wendling, *Alt Right: From 4chan to the White House*, London: Pluto Press, 2018.

assassinadas, a maioria estudantes), Spencer endossou o assassino, justificando que todos deveriam ler o manifesto do terrorista, "A declaração europeia de independência".

No *AlternativeRight.com*, mais artigos de acadêmicos supremacistas foram compartilhados. Um dos mais famosos era declaradamente antissemita, Kevin MacDonald, que também defendeu o terrorista de extrema-direita norueguês e se perguntou o porquê de no manifesto não haver referências aos judeus. Cabe ressaltar que as teses sobre QI de Macdonald foram bastante compartilhadas no Brasil por alguns influenciadores digitais bolsonaristas, especialmente as teorias do *Youtuber* Stefan Molyneaux.

Kevin MacDonald é um professor de psicologia norte-americano (atualmente aposentado) da *California State University*, em Lone Beach, e autor de uma trilogia, *The Culture Of Critique*,[7] na qual afirma que o "Judaísmo pode ser visto como uma estratégia evolutiva" e que "as práticas de eugenia deram aos judeus inteligência superior e, consequentemente, os posicionou bem na competição de recursos com seus vizinhos gentios".[8]

Na sua teoria conspiratória antissemita consta a ideia de que organizações judaicas promovem políticas e ideologias dirigidas a minar a coesão cultural nos países ocidentais e que para combater a Nova Ordem Mundial (também uma teoria conspiracionista), nações ocidentais devem retornar às suas raízes cristãs, nacionalistas e baseadas na raça.

Inicialmente, a Direita Alternativa não foi centro das atenções das mídias tradicionais, mas chamou a atenção de intelectuais conservadores norte-americanos, que percebe-

[7] K. MacDonald, *The Culture of Critique: A People That Shall Dwell Alone: Judaism as a Group Evolutionary Strategy, with Diaspora People*. Wesport: Praeger, 1994; *An Evolutionary Analysis of Jewish Involvement in Twentieth-Century Intellectual and Political Movements*, Wesport: Praeger, 1998; *Separation and Its Discontents Toward an Evolutionary Theory of Anti-Semitism*, Wesport: Praeger 1998.

[8] K. MacDonald *Critique of Judaism: Legitimate Scholarship or the Intelletualization of Anti-Semitism* Disponível em: <www.kevinmacdonald.net/JC&S48-2006.pdf>.

ANTISSEMITISMO,

ram o radicalismo e o foco racialista. A posição da *Alt-right* era explícita como antagonista do conservadorismo dominante. Segundo o próprio Richard Spencer em entrevista ao autor George Hawley em *Make Sense Of The Alt-right*. "Quando eu estava pensando sobre esse novo ponto de vista, ele tinha uma base filosófica diferente do conservadorismo anglo-americano descrito em, digamos, *The Conservative Mind*, de Russell Kirk. Eu estava pensando em algo como a *Nouvelle Droite* [Nova Direita Francesa] e em algo como o tradicionalismo de Julius Evola e o idealismo alemão de Nietzsche e Heidegger."

Em 2012, Spencer fechou o site. Passou a administrar uma editora que publica livros sob uma perspectiva nacionalista branca e lançou um novo site, o *RADIX Journal*.[9] Paul Gottfried procurou desfazer a conexão entre sua obra e a *Alt-right*. O movimento ressurgiria anos depois, nos *chans* (fóruns de discussão online com pouca ou nenhuma moderação sobre posts e comentários, inicialmente ligado à cultura *gamer* e fãs de mangás e animes orientais, mas logo depois transformado em fóruns *free space* contra o chamado "politicamente correto").

Paralelo ao site de Spencer, surgiu na internet um outro movimento que se agregava à *Alt-Right*, o *Neo-reactionary* (NRx),[10] idealizado pelo programador do Vale do Silício, Curtis Yarvin. No blog, Yarvin escrevia sob o pseudônimo "Mencius Moldbug"[11] e combatia os movimentos de justiça social, cada vez mais presentes nas universidades e no debate público e era um crítico ferrenho da democracia. Yarvin forneceu uma das metáforas mais utilizadas

9_Disponível em: <https://radixjournal.com/>.
10_Disponível em: <https://gelinview.com/e-reactionary-part-ii/>.
1_M. Sedgwick, *Key Thinkers of e Radical Right: Behind the New hreat to Liberal Democracy*, Nova York: ford University Press, 2019.

pela *Alt-right*, a *"Red Pill"*, num de seus posts no qual ataca a Democracia Liberal, o *"The Case Against Democracy: Ten Red Pills"*[12] e também tornou popular o conceito da "Janela de Overton" (teoria de Joseph P. Overton, também conhecida como "janela do discurso"). A teoria indica que "conversar sobre o que antes era impensável moverá a Janela de Overton e as ideias que antes eram radicais, eventualmente, mudarão para a corrente principal". Dessa forma, os limites do discurso público aceitável vão sendo expandidos gradativamente. Negacionistas do Holocausto e grupos neonazistas aumentaram, então, a frequência de seus discursos em *chans* e outras plataformas digitais a fim de normalizar seus conceitos extremistas.

Como uma colcha de retalhos, a *Alt-right* foi se estabelecendo no debate político. Em 2010, o advogado norte-americano Greg Johnson lançou um site e uma editora, o *Counter-Currents*, críticos à modernidade Liberal, com o intuito de criar uma "Nova Direita Norte-Americana". De raízes tradicionalistas, se inspirava também na *Nouvelle Droite* e fazia oposição ao neoconservadorismo pois considerava que tinha "muito viés judaico". Abertamente antissemita, Greg Johnson chegou a declarar sobre o antissemitismo que "Foi quando eu soube que esse cara (Hitler) estava dizendo a verdade. Isso foi tão poderoso".[13] Em defesa de Heidegger, afirmou que "o esboço de uma Nova Direita pós-totalitária e pós-modernista emerge primeiro nesses diários de um nacional-socialista dissidente".

O *Counter-Currents* publicou obras de intelectuais da *Nouvelle Droite* (Alan de Besnoit e Guilherme Faye) e apresenta

12_Disponível em: <www.unqualified-reservations.org/2007/04/case-against-democracy-ten-red-pills/>
13_M. Sedgwick op. cit.

artigos metapolíticos, revisões, traduções e muitas entrevistas com ideólogos e ativistas antiliberais. Também reabilitou obras da hitlerista esotérica Savitri Devi, incluindo uma edição com os poemas de devoção a Hitler escritos por ela.

Influenciado pela obra de René Guénon – especialmente o livro *The Crises of The Modern World* – e Julius Evola, logo o *Counter-Courrents* encontraria mais adeptos, como Steve Bannon[14] e o site *Breitbart News*, fundado em 2007 por Andrew Breitbart, um editor, escritor e colunista do *Washington Times*, nascido em Los Angeles (EUA). A partir de 2012, ano de seu falecimento, Steve Bannon (empresário norte-americano milionário tradicionalista perenealista[15] que se tornou guru não oficial da *Alt-right* e da *Far-right*). Bannon é admirador confesso de Julius Evola, mantém laços com Alexander Dugin[16] e assumiu a presidência executiva do site. Sob sua gestão, o *Breitbart News* se alinhou com a *Alt-right*. Em 2016, numa entrevista a um repórter da *Mother Jones* na Convenção Nacional Republicana de 2016, Bannon afirmou "nós somos a plataforma para a direita alternativa". Nessa mesma entrevista, Bannon negou que a direita alternativa seja inerentemente racista ou antissemita e, sob sua liderança, Breitbart publicou um artigo de coautoria de Milo Yiannopoulos, uma figura associada à direita alternativa, minimizando o racismo de alguns dos principais ideólogos da *Alt-right*.[17]

O *Breitbart News* compartilhava artigos com diversas teorias da conspiração e, segundo seu próprio criador, o objetivo do site era destruir aquilo que ele denominava "O complexo": uma teoria conspiratória na qual afirmava que

[*_Disponível em: http://dagobah.m.br/benjamin-teitelbaum-e-o-tradicionalismo-de-olavo-dugin-e-bannon/>.

15_M. Sedgwick, *Against The Modern World: Traditionalism and the Secret Intellectual History of The Twentieth Century*, New York: Oxford University Pres, 2011.

16_B.R. Teitelbaum, *War for Eternity. the Return of Traditionalism and the Rise of e Populist Right*, ondon: Penguin Books, 2020.

17_J. Mulhall, D. Lawrence, S. Murdoch, A. mmond (Orgs.), *he International Alternative Right: From harlottesville to e White House*, ndon: Hope not Hate, 2017.]

a mídia era controlada por um conglomerado alinhado ao Partido Democrata, e que, portanto, as notícias da mídia tradicional (eles utilizam a sigla MSM) seriam todas de viés esquerdista e teriam o objetivo de destruir a civilização ocidental ao defender o multiculturalismo, igualdade de gênero, imigração e a globalização.

Em seu livro *Righteous Indignation: Excuse Me While I Save The World*, Andrew Breitbart anuncia seu "Grande Plano" e pede que seus seguidores não se preocupem em serem chamados de racistas, homofóbicos ou sociopatas, induzindo-os ao desengajamento moral que caracteriza o *ethos* da *Alt-right*:

> Agora você conhece o Complexo e sabe que podemos combatê-lo se apenas usarmos as táticas certas, entendermos nossos oponentes e caminharmos em direção à ira. Caminhe em direção à ira. Não se preocupe em ser chamado de racista, homófobo, sociopata, um xenófobo heteronormativo violento com impulsos fascistas. Eles dizem todas essas coisas sobre você porque estão mantendo você dentro do Complexo, forçando você a responder ao manual deles. Eles querem pará-lo em suas trilhas. Mas se você continuar, se disser a eles que pode parar com as balas verbais e continuar andando, você enviará mensagens para as pessoas que estão torcendo por você, que concordam com você. É assim que você constrói um movimento invencível disposto a jogar de acordo com suas próprias regras.

ANTISSEMITISMO,

Usuários dos *chans* (fóruns e websites no modelo imagem *board*) que já viviam nesse ambiente de desengajamento moral facilitado pelo anonimato e pouca moderação que esses fóruns permitem,[18] se identificaram com a *Alt-right* e este agora era um movimento online sem líderes, que aglutinou diversas correntes e comunidades virtuais antagônicas, mas coeso e com alcance global. Ele iria influenciar as eleições não apenas nos EUA, mas em muitos outros países (o Brasil, por exemplo) e reabilitar teóricos fascistas, conceitos eugenistas, racialistas "Biodiversidade Humana" e o antissemitismo, numa "cruzada" (analogia que seus adeptos utilizam) contra o Mundo Moderno. Um anti-iluminismo. Um "Iluminismo das trevas".[19]

RETÓRICA, IMAGENS E BORDÕES OFENSIVOS

A linguagem utilizada pela *Alt-right* está diretamente relacionada à cultura da "trollagem" (atos deliberadamente ofensivos ou provocativo online com o objetivo de provocar uma reação hostil, negativa e indignada),[20] teorias conspiratórias e a utilização de memes.

A mídia da *Alt-right* adotou estratégias e retóricas dos *trolls* da internet. Andrew Anglin, o fundador do site *Alt-right* nazi *The Daily Stormer*, afirmou: "Sempre gostei do *4chan*, pois no fundo sou um *troll*." O *Daily Stormer* utiliza memes racistas e com apologia ao nazismo frequentemente e quando denunciado afirma que tudo se tratava de ironia. Imagens ofensivas, bordões e "piadas internas" nas plataformas como os *chans*, logo são viralizadas pelo público mais amplo da *Alt-right* em outras

[18]_A. Karatzogianni e Adi Kuntsman, *Digital Culltures and the Politics of Emotion Feelings, Affect and Technological Change*, 2012. Disponível em: http://ezproxy.sherbrooke.ca/login?url=http://lib.myilibrary.com?ID=361340>.
[19]_Disponível em <www.thedarkenlightenment.com/the-dark-enlightenment-by-nick-land/>.
[20]_A. Nagle, *Kill all Normies: Online Culture Wars from 4chan and Tumblr to Trump and the -right*, Lanham: John Hunt Publishing, 2017.

plataformas como Twitter e Facebook e devido aos pequenos elementos de humor, sarcasmo ou ironia que utilizam, sempre justificam que não há discurso de ódio, mas apenas "brincadeira".

A propagação de símbolos nazistas (como a suástica nazista no sapo Pepe, símbolo muito utilizado pelos *Alt-righters*), o uso de epítetos raciais, quer sejam sinceros ou irônicos, trazem como resultado uma normalização do anormal além de reverberar conceitos dos movimentos da *Far-right* que são fascistas e nacionalistas supremacistas. E, não raro, saem do campo virtual para o físico.

No dia 27 de outubro de 2018, por exemplo, na sinagoga Árvore da Vida, em Pittsburgh, EUA, um terrorista de extrema-direita (Robert Bowers, 46 anos), assassinou onze pessoas.[21] O terrorista gritou insultos antissemitas antes de iniciar o massacre. Nas suas redes sociais (GAB) teorias da conspiração compartilhadas pela *Alt-right* sobre "um suposto plano de dominação mundial pela comunidade judaica através de organizações supranacionais para subverter a civilização ocidental" eram frequentes.

Na iconografia da *Alt-right* a presença do antissemitismo é constante. A *Red Pill*, metáfora retirada do filme *Matrix*, se refere ao processo de alguém despertar para a verdade de algum aspecto da realidade. O termo ganhou primeiro maior destaque no movimento *Manosphere and Men's Rights*, notavelmente após o lançamento de *The Red Pill* em outubro de 2012, um subfórum no site *Reddit.com* que tem um grau de sobreposição com a *Alt-right*. O processo de ser "redipilado" desde então se tornou um

[21] Disponível em: <https://en.m.wikipedia.org/wiki/Pittsburgh_synagogue_shooting>.

ANTISSEMITISMO, termo altamente popular em toda a direita alternativa para se referir ao processo de suposto esclarecimento sobre questões como o islã, judaísmo ou que uma suposta elite de esquerda liberal manteve escondido.

Além da *Red Pill*, o meme *Happy Merchant* é bastante utilizado. O meme é uma caricatura de um homem judeu esfregando as mãos e sorrindo, reabilitação do preconceito antissemita antigo que relaciona judeus à ganância.

(((Echoes))) – o uso de parênteses triplos em torno de um nome é utilizado para designar que aquele indivíduo ou grupo é de herança judaica ou controlado por judeus. Surgiu durante o podcast *Alt-righter* neonazista *The Daily Shoah*[22] lançado em 2014 no site extremista *The Right Stuff* (*TRS*). Todos os sobrenomes judeus recebiam um efeito de eco, para justificar a teoria antissemita de que "todos os sobrenomes judeus ecoam ao longo da história" (segundo o próprio site *TRS* informava).

Jornalistas judeus norte-americanos iniciaram um movimento de utilizarem os parênteses para confrontar o uso pelos antissemitas da *Alt-right*, mas para esses delinquentes virtuais, isso foi considerado uma vitória da *Alt-right*.

Rapidamente, o uso do triplo parênteses passou a ser utilizado mundialmente pelos adeptos da *Alt-right* no mundo inteiro, inclusive no Brasil. Influenciadores digitais bolsonaristas utilizam o símbolo com frequência.

O símbolo 88 também é utilizado pelos radicais antissemitas nas plataformas digitais. Refere-se à *"Heil Hitler"* (HH) sendo a letra H a oitava letra do alfabeto.

22_Ver <www.antidefamation.m.au/tag/the-daily-shoah/>.

O universo memético[23] da *Alt-right* expandiu para a *Far-right* e são cada vez mais comuns os memes que sugerem a negação do Holocausto (*Holohoax*).[24]

Camufladas pelos memes e pela desculpa de que tudo se trata de ironia, sarcasmo e "trollagem", as teorias da conspiração antissemitas estão no cerne das ideias que alimentam esses movimentos radicais e extremistas da direita não conservadora e antiliberal.

A fatídica teoria conspiracionista de *Os protocolos dos sábios de Sião* descreve um alegado projeto de conspiração por parte dos judeus e maçons de modo a atingirem a "dominação mundial através da destruição do mundo ocidental". A teoria alimentou o antissemitismo no século XIX e XX. Sofreu pequenas modificações e foi reabilitada sob novo epíteto a partir de 1968 com a fundação do grupo de estudos da *Nouvelle Droite* francesa (*Greece*), posteriormente com o Paleoconservadorismo norte-americano dos anos 1990, especialmente Pat Buchanan e William S. Lind. Em 1992, a teoria foi enfim detalhada por Michael Minnicino no artigo "*New Dark Age: Frankfurt School and 'Political Correctness'*", na revista *Fidelio* do Schiller Institute.

A teoria do Marxismo Cultural refere-se a um suposto esquema da esquerda criado pela Escola de Frankfurt (muitos dos principais membros eram judeus) para destruir as instituições e valores ocidentais e assim criar uma sociedade global, igualitária e multicultural. Todos os grupos que compõem o híbrido radical que é a *Alt-right*, assim como a *Far-right*, acreditam piamente nessa teoria conspiratória.

[23] Ver <www.google.com/amp/s/qz.com/1092031/the-alt-right-is-creating-its-own-dialect-heres-a-complete-guide/amp/>.
[24] Ver <www.isdglobal.org/isd-publication/hosting-the-holohoax-a-snapshot-of-holocaust-denial-across-social-media/>.

ANTISSEMITISMO,

No manifesto do terrorista de extrema-direita, que assassinou 77 pessoas e feriu outras 51 em 2011, na Noruega, Anders Behring Breivik, a teoria conspiratória "marxismo cultural" foi a sua principal motivação para o morticínio que executou.[25]

Dessa mesma teoria que povoa o imaginário *alt-righter*, surgiu também o *Stop Soros*. George Soros é um bilionário húngaro, judeu, sobrevivente do Holocausto, ativista anticomunista que fundou a *Open Society*, "uma rede internacional de filantropia para apoiar financeiramente grupos da sociedade civil em todo o mundo, com o objetivo declarado de promover justiça, educação, saúde pública e mídia independente".

A teoria conspiratória afirma que Soros é o maior conspirador contra a soberania dos países. É acusado de fomentar e apoiar a imigração, de ser responsável pelo "genocídio branco", de ser o verdadeiro dono do Partido Democrata e de ser um globalista atuando para o fim da soberania dos Estados-nação.

A lista de nacionais-populistas autoritários que ratificam essa teoria é longa: Donald Trump (EUA), Erdogan (Turquia), Orbán (Hungria), Salvini (Itália), Marine Le Pen (França), Nigel Farage (Reino Unido), Bolsonaro (Brasil), Geert Wilders (Holanda), Andrzej Duda (Polônia) e Putin (Rússia) são os principais.

Robert Bowers, o autor do massacre em uma sinagoga de Pittsburgh, mencionado anteriormente, afirmou em carta que o filantropo judeu era um dos que apoiavam a caravana de migrantes. É uma sobreposição com

25_Disponível em: <https://olicintelligence.net/anders-hring-breiviks-complete-anifesto-2083-a-european-eclaration-of-dependence/>.

outra teoria também conspiratória que habita na indigência intelectual da *Alt-right: The Great Replacement* (A grande substituição).[26]

Renaud Camus desenvolveu esta teoria da conspiração em dois livros publicados em 2010 e 2011: *L'abécédaire de l'in-nocence* e *Le grand replacement*, no contexto de um aumento na retórica anti-imigrante no debate público.

Apesar de inspirado também em teorias supremacistas como a do "genocídio branco" (sugere que o povo judeu orquestrou deliberadamente a mudança populacional), a teoria da Grande Substituição se originou nos círculos da extrema-direita europeia se afastando das premissas antissemitas e priorizando os ataques aos muçulmanos e ao "globalismo". A teoria afirma, com falsificações demográficas, que existe um grande plano orquestrado por globalistas para a islamização e homogeneização do Ocidente. Grupos identitários de extrema-direita, como o *Generation Identity*, liderado pelo austríaco Martin Sellner – casado com uma Youtuber *Alt-righter* chamada Britanny Pettibone – e outros ideólogos da *Alt-right* são os principais defensores e compartilhadores da teoria.

Mais um caso exemplar da periculosidade dessas teorias conspiratórias que são cada vez mais compartilhadas nas redes sociais e que saem da esfera virtual para a física ocorreu em 2019, quando um australiano terrorista de extrema-direita executou um massacre em Christchurch, na Nova Zelândia, no dia 15 de Março. Brenton Tarrant, 28 anos, munido com dois rifles semiautomáticos,

26_ Disponível em: <www.isdglobal.org/isd-publication-the-great-replacement-the-violent-consequences-mainstreamed-extremism/>.

ANTISSEMITISMO,

duas espingardas, um rifle de ferrolho e um carro-bomba não detonado matou 51 muçulmanos e feriu outros 49. O massacre na Mesquita Al Noor e no Centro Islâmico Linwood foi transmitido ao vivo numa *live* que o assassino fez pela plataforma Facebook.[27]

Brenton Tarrant também publicou um manifesto explicitamente inspirado na teoria *The Great Replacement* e investigações apontaram que o terrorista doou, antes do ataque, "uma quantia 'excepcionalmente alta' de € 1.500 para Sellner em 2018. No outono de 2017, o agressor deu à *Génération Identitaire* na França quatro doações, que totalizaram € 2.200,22".

Defensores da teoria também argumentam que a decadência do Ocidente é causada pela "impureza racial" que as imigrações supostamente produzem e propõem uma remigração forçada.

Em 2017 surgiu mais uma teoria conspiratória que tem mobilizado os *alt-righters*: QAnon. A teoria afirma que um secreto grupo de elite de pedófilos traficam crianças e tem governado o mundo por várias décadas e que o presidente dos EUA, Donald Trump, tem um plano secreto para punir esses pedófilos. Em 28 de outubro de 2017, um usuário que se autodenominava Q postou uma série de mensagens criptografadas na seção "politicamente incorreto" do site *4chan*. Ele afirmou que trabalharia para informar secretamente o público sobre a batalha em curso do presidente Trump contra o chamado "estado profundo", um termo genérico usado para descrever aqueles que estão no poder trabalhando contra o presidente. A teoria *QAnon* agora conecta

[27] Ver <https://pt.m.wikipedia.org/wiki/Atentados_de_Christchurch>.

conspirações antivacina, anti5G, antissemitas, antimigrante e antiglobalismo.[28]

O FBI categorizou o movimento *QAnon* como uma ameaça terrorista doméstica, visto que as teorias da conspiração têm o potencial de encorajar "grupos e extremistas individuais a cometerem atos criminosos ou violentos". Donald Trump, o presidente dos EUA, compartilha com certa frequência (em seu Twitter) posts que remetem ao *QAnon*.

Na Alemanha, que observou um aumento de casos de antissemitismo em comparação com o ano 2019,[29] recentemente ocorreu uma grande manifestação anti-máscara. Nas fotos da manifestação foi possível identificar muitos símbolos do *QAnon*, alertando as autoridades alemãs para o aumento do radicalismo e extremismo no país.

Um relatório do ISD Global (Instituto de Diálogo Estratégico – *Powering Solution To Extremism and Polarisation*) [30] publicado recentemente aponta "exemplos de políticos na América do Norte e na Europa usando uma linguagem que reflete a dos proponentes da teoria da Grande Substituição e conceitos relacionados":

- O Primeiro-Ministro de extrema direita da Hungria, Viktor Orbán, descreveu os refugiados como "invasores muçulmanos". As campanhas de Orbán na Hungria, que atribuem a crise migratória ao investidor filantrópico judeu George Soros, também geraram ondas de antissemitismo.
- O Vice Primeiro-Ministro italiano Matteo Salvini afir-

28_Disponível em: <www.isdglobal.org/isd-publications the-genesis-of-a-conspiracy-theory/>.
29_Disponível e <https://t.co/Q1jv1vyRs7>.
30_O relatório completo para download está disponível em: <www.isdglobal.org/isd-publication the-great-replacement-the-violent-consequences-mainstreamed extremism/>.

mou que ele "deteve a invasão de migrantes" e o presidente do partido de extrema direita espanhol Vox na Andaluzia, Francisco Serrano, tuitou que "junto com os refugiados, são radicais islâmicos que planejam a invasão da Europa há anos".

- Na Alemanha, um revisor interno do partido advertiu os políticos da AfD, em 2018, para pararem de usar palavras-gatilho extremistas como *umvolkung* (substituição étnica), *Überfremdung* (infiltração estrangeira) e *volkstod* (morte do povo). No entanto, uma das campanhas da AfD Berlim, no período que antecedeu as eleições para o Parlamento Europeu de 2019, focou na teoria da conspiração da Eurábia, com cartazes que diziam: "Aprendendo com a História da Europa... para que a Europa não se torne Eurábia."

- Na Espanha, a presidente da *Vox Sevilla*, Maria José Piñero, retuitou um vídeo com teorias da conspiração sobre George Soros e o grupo *Bilderberg*, que espelham as teorias da conspiração antissemitas prevalentes entre a teoria da Grande Substituição e os proponentes do genocídio branco, incluindo conceitos de invasão e deslocamento étnico forçado. Francisco Serrano, o presidente da *Vox* na Andaluzia, tuitou sobre "os radicais islâmicos que planejam a invasão da Europa há anos".

- O presidente dos Estados Unidos, Trump, também se referiu aos migrantes como "invasores" em várias ocasiões. Além disso, ele implicitamente acalentou a narrativa de que a África do Sul está passando por um genocídio de brancos, e também retuitou anteriormente contas no Twitter que promovem a teoria do genocídio de brancos.

Muitos desses governantes citados costumam se apresentar como defensores de Israel (exceto Erdogan e Orbán). Assim como no Brasil, onde a maior parte da militância bolsonarista utiliza a bandeira de Israel tanto em manifestações como ao lado de seus *nicknames* nas redes sociais. Ao mesmo tempo, numa evidente dissonância, compartilham teorias conspiratórias, símbolos e linguagem antissemita que povoam o imaginário da *Alt-right* o que nos leva a deduzir que o uso da bandeira é um símbolo para sugerir uma postura antiesquerda (dentro do contexto do conflito Israel-Palestina) muito mais do que uma postura realmente antissemita.

Em outros países, especialmente europeus, essa apropriação da bandeira de Israel está relacionada ao posicionamento de anti-imigração islâmica dos adeptos da *Alt-right* e da *Far-right* e pelo fato de entenderem o governo de Benjamin Netanyahu como nacionalista e também antiesquerda.

Dado que é um movimento radical essencialmente online, a *Alt-right* utiliza a internet para manipular a opinião pública, definir agendas e propagar suas ideias transnacionalmente.

Em mais um estudo do *Data & Society Research Institute & Society Research Institute* sobre manipulação e desinformação online, alguns pontos merecem atenção:

ANTISSEMITISMO,

- Grupos de extrema direita desenvolveram técnicas de "hackeamento de atenção" para aumentar a visibilidade de suas ideias por meio do uso estratégico de mídias sociais, memes e bots – bem como direcionando jornalistas, blogueiros e influenciadores para ajudar a espalhar o conteúdo.
- Enquanto *trolls*, nacionalistas brancos, ativistas dos direitos dos homens, *gamergaters*, o *Alt-right* e teóricos da conspiração podem divergir profundamente em suas crenças, eles compartilham táticas e convergem para questões comuns.
- A extrema direita explora a rebelião e aversão dos jovens ao "politicamente correto" para espalhar o pensamento da supremacia branca, teorias antissemitas, islamofóbicas e a misoginia por meio da ironia e do conhecimento da cultura da internet.
- A manipulação da mídia pode contribuir para diminuir a confiança da mídia convencional, aumentar a desinformação e aumentar a radicalização.[31]

Em 2018, o WJC (Congresso Judaico Mundial) encomendou um estudo para examinar a proliferação de símbolos antissemitas e a negação do Holocausto nas redes sociais ao longo de janeiro de 2018 em comparação a um estudo anterior referente ao ano 2016. O resultado demonstrou um aumento de 30% nas postagens de cunho antissemita e duas vezes mais o índice de posts com conteúdos que negam a ocorrência do Holocausto.[32]

Enquanto nas plataformas Facebook e YouTube houve uma queda, no Twitter o aumento foi expressivo:

Disponível em: https://scholar.google.com.br/scholar?q=Data+%2+Society+Research+Institute+%2+Society+Research+Institute+manipulation&hl=pt-&as_sdt=0&as_ylo=1&oi=scholart&sa=X&ved=gsqabs&u=%23p%3D8zaoYcCvOfsJ>.

32_Disponível em: <www.worldjewishcongress.org/download/3KVjYgi8FNOTxdWd5HeFPw>.

Plataforma	Uso de símbolos		Negação do Holocausto	
Twitter	10.600	↑	200	↑
Blogs	1.300	↑	2100	↑
Facebook	400	↓	80	↓
Instagram	400	↓	-	↓
YouTube	120	↓	60	↓
Outros	380	↑	160	↑

As setas indicam a progressão e a regressão comparadas ao período equivalente em 2016[33]

Na análise de países monitorados, o uso de símbolos antissemitas e postagens negacionistas do Holocausto também aumentaram entre 2016 e 2018.

Uso de símbolos – Países no topo		Negação do Holocausto – Países no topo	
EUA: 36%	↑	EUA: 68%	↑
Alemanha: 16%	↓	Reino Unido: 4%	↑
Polônia: 9%	↑	Canadá: 2%	↑
Áustria: 5%	↑	Alemanha: 2%	↑
Reino Unido: 3%	↑	França: 1%	↑
Suíça: 3%	↑	Espanha: 1%	↑
França: 2%	↑	Polônia: 1%	↑
Espanha: 2%	↑	Áustria: 1%	↑
Sérvia: 2%	↑	Holanda: 1%	↑
Holanda: 1%	↑	Rússia: 1%	↑
Outros: 21%	↑	Outros: 18%	↑

As setas indicam os altos e baixos comparados ao período equivalente em 2016

33_Fonte: WJC Anti-semitc symbols and Holocaust Deni, um social media posts, 2018.

ANTISSEMITISMO, Torna-se, portanto, urgente compreender os conceitos, métodos e mecanismos da *Alt-right* e da *Far-right* para que nós, DEMOCRATAS, possamos combater a radicalização crescente e a reabilitação de ideais que deveriam ter ficado soterrados sob os escombros da Segunda Guerra Mundial junto a todos os seus horrores.

Espero ter contribuído nessa tarefa ao escrever este artigo.

Referências bibliográficas

BERGER, J. M. *Extremism*. Cambridge: The MIT Press, 2018.

EBNER, Julia. *Going Dark. The Secret Social Lives of Extremists*. London: Bloomsbury Publishing, 2020.

EMPOLI, Giuliano da. *Os engenheiros do caos: Como as fake news, as teorias da conspiração e os algoritmos estão sendo utilizados para disseminar ódio, medo e influenciar eleições*. Belo Horizonte: Vestígio, 2019.

KOEHLER, D. *Right-Wing Terrorism In The 21st Century: The "National Socialist Underground" and The History of Terror from The Far-Right In Germany*. London: Routledge, 2018.

KOFFLER, Keith. *Bannon: Always The Rebel*. Washington: Regnery Publishing, 2017.

LOWNDES, Joseph E. *From The New Deal to The New Right: Race and The Southern Origins of Modern Conservatism*. New Haven: Yale University Press, 2009.

NEIWERT, David A. *Alt-America: The Rise of The Radical Right in the Age of Trump*. 2018. Disponível em: <www.vlebooks.com/vleweb/product/openreader?id=none&isbn=9781786634252>.

ROLAND, Paul. *Nazis and the Occult*. [S.l.]: Sirius, 2018.

STERN, Alexandra Minna. *Proud Boys and The White Ethnostate: How The Alt-right Is Warping The American Imagination*. Boston: Beacon Press, 2020.

TORPOR, Lev. "Dark Hatred: Antisemitism on the Dark Web". *Journal of Contemporary Antisemitism*, nº 2, 2019, p. 25-42. Disponível em: <www.researchgate.net/publication/338350246_Dark_Hatred_Antisemitism_on_the_Dark_Web>.

WODAK, Ruth. The Politics of Fear: What Right-wing Populist Discourses Mean. London: Sage, 2015.

Fontes digitais

https://medium.com/materialismos/aceleracionismo-como-uma-filosofia-marginal-previu-o-futuro-em-que-vivemos-fda234b8852

www.hopenothate.org.uk/2018/03/27/hindu-mysticism-alt-right/

www.tabletmag.com/sections/news/articles/spencer-gottfried-alt-right

www.newsweek.com/steve-bannon-targeted-incels-manipulate-cambridge-analytica-whistleblower-christopher-wylie-1468399?amp=1&__twitter_impression=true

https://lithub.com/fascism-is-not-an-idea-to-be-debated-its-a-set-of-actions-to-fight/

www.google.com/amp/s/amp.theguardian.com/books/2019/mar/22/the-alt-right-by-george-hawley-review

www.radicalrightanalysis.com/2020/08/14/faces-of-the-radical-right/

www.radicalrightanalysis.com/

www.bbc.com/portuguese/amp/internacional-41795609

www.sv.uio.no/c-rex/english/topics/online-resources/rtv-dataset/index.html

https://theweek.com/articles-amp/927660/when-conservatives-become-revolutionaries?__twitter_impression=true

www.adl.org/resources/backgrounders/steve-bannon-five-things-to-know

https://evolution-institute.org/extremism-in-historical-and-evolutionary-perspective/

www.amren.com/news/2014/01/meet-the-dark-enlightenment-sophisticated-neo-fascism-thats-spreading-fast-on-the-net/

www.vox.com/platform/amp/2016/4/18/11434098alt-right-explained?__twitter_impression=true

www.worldjewishcongress.org/en/news/watch--the-rise-of-anti-semitism-on-social-media-summary-of-2016-6-1-2017?print=true

www.google.com/url?sa=t&source=web&rct=j&url=https://www.adl.org/media/14107/download&ved=2ahUKEwjHwJHGi_nrAhX1GbkGHVX6CS4QFjAAegQIChAC&usg=AOvVaw3_TFxk8fPXK2IP6loydAPg (Murder and Extremism ADL)

"

Nós somos responsáveis pelo outro, estando atentos a isto ou não, desejando ou não, torcendo positivamente ou indo contra, pela simples razão de que, em nosso mundo globalizado, tudo o que fazemos (ou deixamos de fazer) tem impacto na vida de todo mundo e tudo o que as pessoas fazem (ou se privam de fazer) acaba afetando nossas vidas."

ZYGMUNT BAUMAN _ *Modernidade líquida*. [tradução Plinio Dentzien]. 1ª ed., Rio de Janeiro: Editora Zahar, 2001).

ANTISEMITISMO,

POLIAKOV NOS TRÓPICOS: ANTISSIONISMO, PRETEXTO PARA O ANTISSEMITISMO NO MEIO CATÓLICO ORTODOXO NO BRASIL

João Henrique dos Santos

João Henrique dos Santos _ Professor do Departamento de História e Teoria da Faculdade de Arquitetura e Urbanismo da UFRJ.

ANTISSEMITISMO, Nossa estranha República é governada por um rei chamado Rothschild tendo por cortesão ou doméstico a banca judaica; esta (...) ditando as leis aos parlamentos como aos ministros que – os inocentes! – creem governar este país. AUGUSTE CHIRAC, "A agiotagem de 1870-1886", *Révue Socialiste*, 1887)

Para Ivenise, girassol e violino, amor e presença, presente e futuro, sinônimo de liberdade e felicidade.

Em sua magistral obra originalmente publicada em 1969, *Do antissionismo ao antissemitismo*, o historiador franco-russo Léon Poliakov (1910-1997) explicava como o antissionismo podia servir como elemento seminal ou pretexto para o antissemitismo. Ainda que seu foco tenha sido a realidade da Rússia czarista, passando pela URSS e também pela experiência francesa na quadra dos anos 1960, seus ensinamentos e as lições da obra extraídas permitem a ampliação de sua análise para fora do seu contexto de concepção, escapando igualmente da datação que fere de morte tantas análises históricas e sociológicas.

    O antissemitismo antecede de milênios o advento do cristianismo, de tal modo que seria tão injusto quanto incorreto rotulá-lo de subproduto do cristianismo. Nada obstante isso, o cristianismo lançou sobre os judeus um "libelo de sangue" que os estigmatiza até hoje. Como a História é escrita pelos vencedores, e o Império foi vencedor (ver, por exemplo, *Quando Jesus se tornou Deus*, de Richard

E. Rubenstein) nos embates iniciais do incipiente cristianismo, a narrativa oficial, canonizada no Novo Testamento, exculpava as autoridades imperiais romanas pela crucifixão de Jesus, atribuindo libelo acusatório, processo e condenação aos judeus e aos seus Sumos Sacerdotes.

A despeito de Jesus ser, ele mesmo, judeu, várias passagens neotestamentárias enfatizam o antagonismo entre Jesus e "os judeus" (aqui colocados entre aspas para denotar a nítida tomada da parte pelo todo). O *Evangelho segundo São João* registra que "os judeus planejavam matar a Jesus", tendo chegado a ajuntar pedras para o lapidar. Por outro lado, por mais de uma vez Jesus referiu-se "aos judeus" como filhos do demônio (Jo, 8:44 – "Vós tendes por pai ao diabo e quereis satisfazer os desejos de vosso pai. Ele foi homicida desde o princípio e não se firmou na verdade, porque não há verdade nele." Cf. também 8:38 e 11:45-56, versículos que enfatizam esse desejo deicida dos judeus).

Visto não ser este o objetivo desta comunicação, não serão aqui reproduzidas as várias passagens do Novo Testamento inculpadoras dos judeus pelo assassinato do Messias, mas deve ser entendido que tais passagens serviram de substrato fértil para muitas homilias e escritos dos chamados Padres (ou Pais) Apostólicos da Igreja carregadas de um forte antijudaísmo e que muitas vezes, graças às acusações feitas, serviram de justificativa para massacres de comunidades judaicas inteiras. Afinal, o povo traduzia para a prática as palavras de seus clérigos – sacerdotes e bispos – que marcavam os judeus como um "povo pérfido que quis matar o Senhor Jesus Cristo".[1] Esse discurso redi-

1_Sobre isso, va: recordar que o Missal Tridentino somente substituído no uso ordinário após do Concílio Vaticano II (1962 1965), na Liturgi da Sexta-feira Santa, na parte das Orações Universais ou Grandes Orações tinha o seguinte texto: "Oremos pelos Judeus. Que Deus nosso Senhor ilumine seus corações para que reconheçam Jesus Cristo, salvador de tod os homens. (...) Deus onipotent e eterno, Vós que quereis que todos os homer se salvem e cheguem ao conhecimento da verdade, concedei que, entrando a plenitude dos povos em vossa Igreja, todo Isra seja salvo." Grif meu para indica que a oração er para a conversã dos judeus ao cristianismo. Registre-se que a fórmula anterior (já abolida em 195 e consagrada em 1962 pelo Papa João XXII iniciava com "Oremos pelos *pérfidos judeus* (continuação n página seguinte

ANTISSEMITISMO,

vivo vem sendo percebido em manifestações de neoconversos ao catolicismo ortodoxo, inclusive no Brasil, sobretudo em redes sociais.

Em uma brevíssima explicação histórica, a Igreja Ortodoxa somente aceita a autoridade dos sete primeiros Concílios Ecumênicos, por entender serem os únicos realizados dentro da catolicidade e ecumenismo. O afastamento de Roma deu-se formalmente em 1054, mas desde o I Concílio de Niceia-Constantinopla (325), as divergências (sobretudo no âmbito teológico) se faziam notar. O saque de Constantinopla, em 1204, chefiado pelo Doge veneziano Enrico Dandolo, no âmbito da Quarta Cruzada e tendo como um dos pretextos o "massacre dos latinos" em 1182,[2] fez o afastamento ainda maior entre os dois polos da catolicidade. As aproximações somente se deram, e ainda assim, de forma bastante tímida e tendo que ser superadas muitas desconfianças, a partir dos anos 1960, quando o Papa Paulo VI e o Patriarca Ecumênico Athenágoras revogaram a excomunhão mútua, ato que ora não tem sido aceito pelos demais patriarcas ora é aceito com muitas reservas. Isso faz com que muitos dos neoconversos à ortodoxia (ainda – ou por causa disso – que muitos tenham origem no catolicismo romano) sempre que podem, manifestem suas ressalvas às iniciativas dos católicos romanos.

Assim como se deu no Brasil uma busca pelo judaísmo nos anos 1990/2000, desde o início da década de 2010 verificou-se um aumento no número de conversos ao catolicismo ortodoxo nas suas diferentes jurisdições canônicas representadas no país (grega, russa, antioquina,

(continuação da página anterior) Deve ser comparada à atual: "Oremos pelos judeus. Que Deus nosso Senhor, que os escolheu primeiramente entre todos os homens para acolherem sua palavra, ajude-os a progredir sempre no amor de seu nome e na fidelidade à sua aliança. Deus onipotente e eterno, que fizestes vossas promessas a Abraão e à sua descendência, acolhei a oração da vossa Igreja para que o povo primogênito da vossa aliança possa reunir-se à plenitude da redenção."
2_Massacre dos católicos romanos pela população, majoritariamente ortodoxa, da cidade de Constantinopla.

ucraniana, sérvia e polonesa – os Patriarcados Romeno, Búlgaro e outros não se fazem presentes no Brasil) e nas não canônicas (Verdadeira Igreja Ortodoxa Grega, Igreja Russa das Catacumbas e outras) que também se fazem presentes no Brasil.

Não há dados estatísticos precisos quanto ao perfil desses neoconversos: idade, origem social, origem étnica, orientação política etc. Portanto, o que se relatará é fruto de observação e de pesquisa não sistemática. O que se observa é que muitos deles não vêm de origem étnica ligada à jurisdição denominacional à qual se vinculam, vários tendo origem religiosa no catolicismo romano (principalmente, mas não só, nos movimentos tradicionalistas e até mesmo sedevacantistas[3]) ou em tradições neopagãs e ocultistas. A grande maioria é composta por jovens entre dezessete e trinta anos, vários ligados ao pensamento do sociólogo russo Aleksandr Dugin, conselheiro do Presidente. Vladimir Putin e defensor da ideologia eurasiana da Grande Rússia e seu inexorável destino grandioso.

Estes parecem buscar na Igreja Ortodoxa uma "pureza perdida" pelo mundo, construindo um discurso cada vez mais purista e, portanto, excludente. O "outro" é sempre anatematizado. Se o outro for judeu, eis o bode expiatório perfeito, de certo modo como primorosamente descrito por Joshua Trachtenberg em *The Devil and the Jews*.

A presença dos cristãos ortodoxos em terras brasileiras se dá desde as primeiras ondas imigratórias de cristãos ortodoxos árabes e do leste europeu, sobretudo russos e ucranianos, a partir da segunda metade do século XIX. Dessa

3_Sedevacantistas são os movimentos dentro da Igreja Católica Romana que radicalizam sua oposição ao Concílio Vaticano II, ao ponto de afirmar que Pio (1939-1958) ter sido o último Papa canonicamente eleito, segundo regras do Concílio de Trento, ratificadas pelo Concílio Vaticano I. Desta forma, desde sua morte Trono de São Pedro (a Sé Petrina) está vaga.

forma, uma das características mais marcantes da ortodoxia sempre foi o seu caráter étnico, embora a Igreja defina-se como "católica", isto é, universal. Nada obstante, os serviços religiosos no Brasil são realizados parte em português, parte no idioma da Jurisdição (árabe, grego, sérvio, eslavônico – precursor do russo e idioma litúrgico), o que enfatiza seu caráter étnico.

Mesmo geograficamente a distribuição das Igrejas Ortodoxas no Brasil acompanhou, em um primeiro momento, a distribuição geográfica desses imigrantes, estabelecendo-se majoritariamente no Sul e Sudeste do país, regiões nas quais a presença do catolicismo ortodoxo ainda é majoritária em sua mancha de distribuição no Brasil. A partir da segunda metade do século XX, irradiou-se para o Nordeste, Norte e Centro-Oeste, sendo sob a forma, até hoje, de missões nas duas primeiras regiões.

É impreciso dimensionar o quanto as novas conversões representam de acréscimo quantitativo para as Igrejas, visto as estatísticas não terem sido tabuladas e consolidadas. Sobretudo, não se dispõe de dados que registrem a permanência desses neoconversos no seio das Igrejas; se fenômeno efêmero, meramente transitório (ou, na linguagem das redes sociais, "modinha") ou se mais efetivo. Pode, mesmo, não ter havido acréscimo quantitativo substancial, face aos membros das Igrejas (das várias gerações de imigrantes) terem um perfil mais idoso. Nota-se, sim, que são igrejas de crescimento vegetativo pequeno, sendo seu *corpus* aumentado pela adesão de novos convertidos.

As Igrejas Ortodoxas Canônicas, vale dizer aquelas representadas pelos Patriarcados reconhecidos, formam jurisdições, nem sempre universalmente ("catolicamente") e pacificamente aceitas. Para que se tenha uma ideia do estado da arte do *imbróglio* jurisdicional, sobretudo para os não familiarizados com o mundo ortodoxo, o trecho da *Wikipédia*[4] sobre as Jurisdições apresenta uma grande lista.

> ...Dentre as igrejas não reconhecidas, existiam o Patriarcado de Kiev e a Igreja Ortodoxa Autocéfala Ucraniana, que foram integradas na Igreja Ortodoxa da Ucrânia pelo concílio de unificação ocorrido em 15 de dezembro de 2018, que votou pela unificação das jurisdições ortodoxas ucranianas existentes: a Igreja Ortodoxa Ucraniana (Patriarcado de Kiev), a Igreja Ortodoxa Autocéfala Ucraniana e uma parcela da Igreja Ortodoxa Ucraniana obediente ao Patriarcado de Moscou. Em outubro de 2018, o Patriarcado de Constantinopla anulou a excomunhão de seu clero em passo para a declaração de autocefalia dos ortodoxos ucranianos, pelo que a Igreja Ortodoxa Russa, sob cujo sínodo está a Igreja Ortodoxa Ucraniana canônica, rompeu a comunhão com Constantinopla.

Fora dessas, existem as dissidências e dissensões, muitas reivindicando o título de "verdadeira" ou "autêntica" igreja desse ou daquele Patriarcado. Em certa medida, em uma comparação eventualmente forçada, *mutatis mutandis* é fenômeno similar ao que ocorre no campo evangé-

[4] Acessado em 02/08/20. Disponível em: <https://pt.wikipedia.org/wiki/Igreja_Ortodoxa#Jurisdi%C3%A7%C3%B5es>

ANTISSEMITISMO,

lico neopentecostal, com a proliferação e fragmentação de denominações, e, em menor escala, no campo católico romano com a formação da ICAB (Igreja Católica Apostólica Brasileira) e outros agrupamentos menores.

Se no exterior a motivação de muitas dissensões é nitidamente política (ainda que o discurso receba todo um verniz teológico), no Brasil parece-se mais a uma questão digna de uma observação da *Microfísica do poder*, de Michel Foucault, ou mesmo de uma busca do caminho mais fácil para o recebimento de um "título" sacerdotal ou acolhimento sem passagem por um catecumenato, o conjunto de procedimentos que constituem a iniciação à vida cristã. Assim, tem-se um clero brasileiro nas igrejas não canônicas, enquanto que nas Igrejas Ortodoxas canônicas o clero é majoritariamente estrangeiro.

Ora, como, se não pela política, se explicaria a resistência do Patriarcado de Moscou à autocefalia[5] da Igreja da Ucrânia concedida pelo Patriarcado Ecumênico de Constantinopla? Kiev era o segundo polo mais rico da jurisdição do Patriarcado de Moscou (abaixo, tão somente, da Sede Patriarcal) e reconhecer a autocefalia da Igreja da Ucrânia seria reforçar a ideia de uma Ucrânia plenamente independente, o que afronta Moscou. Se Moscou se vê como a "Terceira Roma" e alega ser a Ucrânia indissociável da "Mãe Rússia", por outro lado prefere não ver que o Príncipe Vladimir, responsável pelo batismo dos russos e sua conversão ao Cristianismo no início do século XI, era ucraniano e governava de Kiev. *Cosiè si vi pare*, "assim é se lhe parece", na imortal citação de Luigi Pirandello.

[5]_ Autocefalia é o termo jurídico e canônico empregado para definir o governo no de si próprio que uma Igreja (m Patriarcado) possui. Existe também a utonomia, mas ela é inferior à autocefalia. A autonomia refere-se mais à possibilidade e decidir coisas menores que as Metropolias e ¿idioceses têm.

DISCURSO EXCLUDENTE

Registra-se, sobretudo nas redes sociais, discursos abertamente antissemitas, muitos revestidos da capa supostamente absolvedora do antissionismo, parecendo retirados das páginas dos *Protocolos dos sábios de Sião*. Um sentimento antiglobalista (exatamente como Dugin e Putin abertamente defendem) salta de muitas postagens feitas no mundo todo, inclusive no Brasil. Os judeus são vistos e expostos como os grandes manipuladores dos mercados mundiais. Para tanto, são usados textos do Padre Spyridon Bailey e de São Paísios do Monte Athos, entre outros, como se fossem verdades absolutas, tal como por décadas os *Protocolos* foram encarados como documento veraz e não de autoria russa, como depois se provou largamente.

Um dos exemplos dessas publicações é transcrito abaixo, parte das *Profecias de São Paísios, o Atonita*, morto em 1994 (mantida a formatação tal como publicada):

I. UM GOVERNO MUNDIAL; O MESSIAS DOS JUDEUS É O ANTICRISTO

É possível que você viva muito do que está descrito no Livro das Revelações (*Apocalipse*). Muito está vindo à superfície, pouco a pouco. A situação é horrível. A loucura foi além de todos os limites. A apostasia está sobre nós, e agora a única coisa que resta é o "filho da perdição" (2 Tes. 2:3) por vir.

ANTISSEMITISMO,

O mundo se transformou em um hospício. Uma grande confusão reinará, na qual cada governo começará a fazer o que lhe vier à cabeça. Vamos ver como os eventos mais improváveis e insanos acontecerão. A única coisa boa é que esses eventos acontecerão em uma sucessão muito rápida.

Ecumenismo, mercados comuns, um governo mundial, uma religião feita sob encomenda: esse é o plano desses demônios. Os sionistas já estão preparando seu messias. Para eles, o falso messias será rei, governará aqui, na Terra.

Uma grande discórdia surgirá. Nesta discórdia, todos clamarão por um rei para salvá-los. Nesse momento, eles oferecerão seu homem, que dirá: "Eu sou o Imam, eu sou o quinto Buda, eu sou o Cristo que os cristãos estão esperando. Sou eu quem as Testemunhas de Jeová estavam esperando. Eu sou o messias judeu."

II. OS SIONISTAS QUEREM GOVERNAR A TERRA E USAM MAGIA NEGRA E SATANISMO

Tempos difíceis estão à frente. Grandes provações nos aguardam. Os cristãos sofrerão grandes perseguições.

Enquanto isso, é óbvio que as pessoas não entendam que estamos à beira do fim dos tempos, que o selo do anticristo está se tornando realidade.

As pessoas estão agindo como se nada estivesse acontecendo. É por isso que a Sagrada Escritura diz que até os escolhidos serão enganados.

Os sionistas querem governar a Terra. Para alcançar seus objetivos, eles usam magia negra e satanismo. Eles consideram a adoração a Satanás como um meio de obter a força necessária para realizar seus planos. Eles querem governar a Terra usando poder satânico. Deus não é algo que eles levam em consideração.

III. A DESCULPA PARA A MARCA SERÁ UMA VACINA GLOBAL OBRIGATÓRIA

Uma vacina será desenvolvida para combater uma nova doença, que será obrigatória, e aqueles que a tomarem serão marcados (com a marca da besta). Muitas pessoas já estão marcadas com algum tipo de raio laser, na mão direita e na testa. Mais tarde, quem não estiver marcado com o número 666 não poderá comprar ou vender, obter um empréstimo, conseguir um emprego e assim por diante. Meu pensamento me diz que esse é o sistema pelo qual o anticristo escolheu dominar o mundo inteiro. [...] Ele [o anticristo] tomará todo o mundo através de um sistema econômico que controla a economia global, e somente aqueles que aceitaram o selo, a marca do número 666, poderão participar de negócios.

IV. CONSTRUÇÃO DO TERCEIRO TEMPLO – OS RABINOS SABEM QUE MATARAM O VERDADEIRO MESSIAS

Um sinal de que o cumprimento da profecia está próximo será a destruição da mesquita de Omar em Jerusalém. Eles a destruirão para restaurar o Templo de Salomão, que costumava estar no mesmo lugar. No final, os judeus pronunciarão o messias deles, o Anticristo, neste templo reconstruído.

Os rabinos sabem que o verdadeiro Messias já chegou e que O crucificaram. Eles sabem disso, e ainda assim são cegados pelo egoísmo e fanatismo.

V. O NÚMERO DA BESTA

Dois mil anos atrás, estava escrito no livro de *Apocalipse* que as pessoas serão marcadas com o número "666".

Como diz a Sagrada Escritura, os antigos hebreus impuseram um imposto aos povos que conquistaram em várias guerras. O imposto anual era igual a 666 talentos de ouro (III Reis 10:14, II Crônicas 9:13). Hoje, para subjugar o mundo inteiro, eles, mais uma vez, introduzirão o antigo número de contribuinte vinculado ao seu passado glorioso. Ou seja, "666" é o número de mamom.

Eles já colocaram o número, há muito tempo, nos cartões de crédito. Tudo está indo como o planejado.

Como resultado, quem não estiver marcado [na testa ou na mão] com o número "666", não poderá comprar, vender, obter um empréstimo ou encontrar trabalho.

VI. ECONOMIA MUNDIAL – COMPUTADOR GIGANTE EM BRUXELAS

A providência me diz que o anticristo quer subjugar o mundo usando esse sistema. Será imposto às pessoas com a ajuda dos mecanismos que controlam a economia mundial, pois apenas aqueles que receberem a marca, uma imagem com o número "666", poderão participar da vida econômica.

A marca será uma imagem que primeiro será colocada em todos os produtos e, em seguida, as pessoas serão obrigadas a usá-la na mão ou na testa. Pouco a pouco, após a introdução de cartões de identificação com os três seis, após a criação de um dossiê pessoal, eles usarão astúcia para introduzir a marca.

Em Bruxelas, um palácio inteiro com três seis foi construído para abrigar um computador central. Este computador pode acompanhar bilhões de pessoas. E nós, ortodoxos, estamos resistindo a isso porque não queremos o anticristo e também não queremos a ditadura.

ANTISSEMITISMO, Seria cômico, mais uma das muitas teorias da conspiração vigentes no mundo, se não fosse escrito por alguém canonizado pela Igreja Ortodoxa, venerado como santo e sábio, e publicado em uma rede social exatamente em um momento de crise mundial, parcialmente desencadeada pela pandemia de 2020. Nota-se a nítida vinculação entre sionismo, judaísmo e demonismo. O judeu é retratado como a personificação do mal absoluto, tal como na Alemanha dos anos 1920 e, sobretudo, na Alemanha nazista.

Mesmo a notícia veiculada pelo jornal carioca *O Globo* em 25 de julho de 2020, de que traficantes de drogas estariam criando no Rio de Janeiro o "Complexo de Israel", unindo 5 favelas e utilizando símbolos judaicos como a *menorá* (candelabro de sete braços, e um dos principais e mais difundidos símbolos do judaísmo) e a estrela de Davi, levou membros da Igreja Ortodoxa a repercutir nas redes sociais as seguintes frases: "Estamos sob absoluta ocupação sionista e evangélica. Que Deus tenha piedade do Rio de Janeiro." "Ocupação sionista e evangélica." *Sic!*

Esses dois são pequenos exemplos da mentalidade antissemita disfarçada de antissionista presente em muitos membros, sobretudo neoconversos, da Igreja Ortodoxa. Um dos quais chegou a publicar em março de 2020 que "o problema é Israel", sem especificar para quem Israel é ou seria um problema.

Muitos antioquinos têm uma abordagem antissionista possivelmente herdada da percepção dos palestinos ou sírios sobre Israel e os judeus. Curiosamente, também têm relações difíceis com os católicos maronitas. Outros, vinculados ao Patriarcado de Moscou, Metropolia da Polônia ou Patriarcado Sérvio parecem ter bebido na fonte do antissemitismo eslavo. É bem lembrado por Charles Berlitz que uma das poucas palavras russas universalmente compreendidas é *pogrom*.[6] Vale ressaltar que essas manifestações, no Brasil meramente (ainda e espera-se que unicamente) no campo das palavras, encontram respaldo em atos antissemitas na Europa, sobretudo no Leste Europeu, onde decretos restritivos à liberdade dos judeus foram editados (Ucrânia); cemitérios judaicos e sinagogas foram profanados (República Tcheca, Bulgária etc.) e onde registra-se um clima de crescente antissemitismo desde finais do milênio passado.

E como se posicionam o clero e a hierarquia ortodoxos face a tais manifestações? Oficialmente, calados ou com o discurso de que "a Igreja não tolera nenhum tipo de preconceito", o que não deixa de ser verdade, porém que se faz desacompanhado de qualquer reprimenda aos autores das manifestações (os quais, a bem da verdade, jamais disseram falar em nome da Igreja, mas sempre em seu nome). Isso remete a uma paródia possível sobre a frase acerca de sentar-se à mesa: "Se você está sentado à mesa com quatro antissemitas que se manifestam nesse sentido e você não se retira, então são cinco antissemitas à mesa."

[6] Massacre de judeus pelas tropas czaristas geralmente formadas por cossacos.

"

Mas sei de uma coisa: meu caminho não sou eu, é outro, é os outros. Quando eu puder sentir plenamente o outro estarei salva e pensarei: eis o meu porto de chegada."

CLARICE LISPECTOR _ *Aprendendo a Viver*. Rio de Janeiro: Ed. Rocco, 2004.

ANTISSEMITISMO,

A EDUCAÇÃO MUDANDO MENTALIDADES: ENSINO DO HOLOCAUSTO EM ESCOLAS PÚBLICAS DO RIO DE JANEIRO

Roberto Anunciação Antunes

Roberto Anunciação Antunes _ Professor das Redes Municipal, Estadual e Particular (Colégio Pinheiro Guimarães) do Rio de Janeiro. Coordenador pela Secretaria Municipal de Educação do Rio de Janeiro das Jornadas Interdisciplinares Holocausto & Direitos Humanos. Membro do Conselho Municipal de Educação do Rio de Janeiro (2008/2009) e dos Fóruns Municipal e Estadual de Educação do Rio de Janeiro (2018/2020). Coordenador de História da Secretaria Municipal de Educação do Rio de Janeiro (2011/2019).

ANTISSEMITISMO,

O que é realmente relevante no contexto do ensino de História, em qualquer rede ou ano de aprendizagem? O que deve ficar de significativo para tantas crianças e jovens que estão nas salas de aula da Rede Municipal de Educação do Rio de Janeiro?

Falo aqui a partir da experiência de trinta anos (1990-2020) em salas de aula do Ensino Fundamental II e Médio, em redes públicas e privadas da cidade do Rio de Janeiro, em bairros tão diversos como Inhaúma, Ipanema, Lins de Vasconcelos, Ilha do Governador, Catete, Copacabana e Tijuca, enfim, um bom espectro de bairros e realidades diversificadas nesta cidade *muy* leal e honrada de São Sebastião do Rio de Janeiro. Falo também a partir de uma experiência de nove anos (2011-2019), coordenando projetos e ações de formação para professores da Secretaria Municipal de Educação, como a Jornada Interdisciplinar Holocausto & Direitos Humanos.

Vivemos um momento ímpar na humanidade. Nunca tivemos tanta tecnologia e informação à disposição da sociedade e, cada vez mais, para tantas pessoas. Porém, talvez de maneira contraditória, observamos a volta de ideias, teorias e atitudes totalmente condenadas pela História, por seu caráter obsoleto, cruel e profundamente desumano. O século XX foi de guerras e negação da paz, por mais que todos nós, em sã consciência, saibamos bem o valor da paz e do respeito. Como falar em respeito ao lembrarmos o genocídio armênio pelo Império Turco-Otomano, o imperialismo europeu ou o grande massacre entre tutsis e hutus em Ruanda? Como enxergar, no mesmo século de tantos avanços científicos, esses graves exemplos de total desrespeito aos direitos humanos?

E assim chegamos à Shoá, o Holocausto judaico na Segunda Guerra Mundial. Como qualificar o Holocausto no *ranking* das tragédias perpetradas por seres humanos contra seres humanos? Tragédias são maiores ou menores? Ciganos, comunistas, portadores de deficiências físicas ou mentais, homossexuais, testemunhas de Jeová também estão entre os grupos vitimados pela crueldade nazista. Como e por que tratar esse tema nas salas de aula de nossa cidade?

O Holocausto fez parte do plano eugênico do Partido Nacional Socialista dos Trabalhadores Alemães, liderado por Adolf Hitler. Ao ministrar o conteúdo didático acerca da Segunda Guerra, no entanto, nem sempre os professores chegam a pormenorizar sobre a maior violação de direitos humanos da História contemporânea, legitimado social e ideologicamente. Percebendo essa lacuna, um grupo de vereadores apoiou proposta encaminhada pela vereadora Teresa Bergher, de ênfase ao conteúdo sobre o Holocausto nazista, sem prejuízo do conteúdo programático do ensino de História. Assim, damos conta do aspecto legal do ensino do Holocausto em nossa cidade. Mas, haveria real necessidade desse estudo? Como justificá-lo na prática cotidiana?

A DOR É UNIVERSAL

Quero lembrar agora de uma antiga aluna. O ano era 2012, meu primeiro ano coordenando a mais importante ação da Secretaria Municipal de Educação sobre a temática do Holocausto: a Jornada Interdisciplinar Holocausto & Direitos

ANTISSEMITISMO, Humanos, uma parceria com a Associação Beneficente e Cultural B'nai B'rith. Na cerimônia de premiação dos alunos da Rede Municipal que participaram de um concurso de redações sobre o tema, perguntei a uma das vencedoras, cujo texto havia emocionado a todos, como ela conseguiu tanto envolvimento com um tema, a princípio, tão distante da realidade dela, uma menina carioca, de escola pública, de 14 anos de idade. Sua resposta fez brotar lágrimas em todos que a ouviram:

"Professor, perdi meu pai em uma manhã de domingo, quando ele foi comprar pão e não voltou. Foi baleado num confronto entre policiais e traficantes, no alto da nossa comunidade. Pensei, ao fazer minha redação, na dor das famílias que perderam entes queridos, como eu perdi meu pai..." A dor é algo universal e afeta a todos, independentemente do tempo e da distância.

Neste sentido, vejam como é fundamental o ensino do Holocausto ter seu lugar assegurado nas nossas escolas, principalmente, e quero deixar isso muito claro aqui, nas escolas não judaicas. Crianças crescem brincando juntas, socializando, aprendendo seus limites e suas possibilidades de modo coletivo. As noções de respeito e empatia se desenvolvem de modo integrado às vidas de cada criança e jovem que têm, nas suas escolas e salas de aula, espaços essenciais a essa formação. E assim tem sido feito nas salas de aula das escolas da rede pública municipal carioca.

Nossas Orientações Curriculares, constantemente alvo de atualizações, buscam esse comprometimento com uma realidade que traz, nos conceitos ligados aos direitos humanos, uma permanente preocupação de nossas professoras e professores no "chão" das escolas. Podem ser usados diferentes motes (principalmente nas turmas dos menores anos de aprendizagem, como o 4º e o 5º) para identificar os conceitos, aproximá-los e assim favorecer a aprendizagem para crianças que têm um grande distanciamento temporal da Shoá.

Proponho agora uma reflexão a partir de uma imagem:

Desenho da aluna Debora Cicília Santos, 12 anos, da Escola Municipal Nelson Prudêncio, Ilha do Governador. Elaborado sob a orientação da Prof.ª Cristiane Brandão, em 2018.

Vemos um desenho feito por uma aluna da Rede Municipal carioca, do 6º ano do Ensino Fundamental, para o concurso de desenhos da Jornada de 2018. Para muitas pessoas, em tal ano de aprendizagem, dificilmente o tema poderia ser trabalhado em sala de aula: afinal, como tratar de tal evento histórico em turma que ainda não se apropriou de conceitos históricos tão pertinentes e que, normalmente, são vistos mais à frente? Nesse sentido quero ressaltar a importância da atuação de cada professor. Como um professor pode fazer a diferença e fazer da sua sala de aula, ou mesmo da sala de leitura, o espaço ímpar da efetiva aprendizagem

ANTISSEMITISMO, significativa! No caso dessa produção, salta aos olhos o bom trabalho de orientação desenvolvido pela professora.

Com uma média de cem professores e escolas participando a cada ano, multiplicando-se aí suas turmas e alunos, as Jornadas Interdisciplinares Holocausto & Direitos Humanos se iniciam com dois dias de palestras sobre o tema. O momento mais especial é sempre a fala de sobreviventes, momento ímpar de emoção e valorização da memória. Essas palestras, junto com os materiais fornecidos, apoiam o trabalho de orientação feito pelos professores da Rede Municipal, que é complementado pelas visitas de sobreviventes e da consultora acadêmica às escolas, em um trabalho totalmente gratuito, em prol do conhecimento e da universalização das informações.

Vale aqui relembrar alguns dados sobre as Jornadas. Desde 2006, elas têm acontecido a partir da parceria entre a Secretaria Municipal de Educação do Rio de Janeiro e a Associação Beneficente e Cultural B'nai B'rith, da comunidade judaica do Rio de Janeiro. Entre 2006 e 2012 tivemos a consultoria e a coordenação acadêmica a cargo da UERJ, através das Professoras Dras. Helena Lewin e Silvia Lerner (2006 a 2011) e do Prof. Dr. Edgard Leite (2012). A partir de 2014, com a saída da UERJ, incorporou-se à coordenação acadêmica a Prof.ª Dra. Sofia Débora Levy, especialista no tema e professora do Programa de Pós-Graduação em Memória Social da UNIRIO. Outras pessoas cujo apoio, parceria e coordenação tornaram possível esse trabalho foram, além dos já citados, o Dr. Jayme Gudel (B'nai B'rith) a Desembargadora Denise Levy-Tredler (EMERJ e B'nai B'rith).

A participação na Jornada é totalmente gratuita aos alunos e professores. Em geral, os professores têm de 2 a 3 meses de orientação, exibindo filmes, trabalhando textos, enfim, propiciando melhor conhecimento sobre o tema aos seus alunos. Conversando com diversos professores que participaram da Jornada ao longo desses anos, percebo que o grande motivador desse trabalho é a valorização da diversidade étnica e cultural das sociedades humanas e o respeito aos direitos humanos, fundamentais para todo cidadão, independentemente de sua classe social, etnia, religião ou país em que viva. E poder conhecer um pouco mais da cultura judaica e de sua história também tem se mostrado um fator importante nesta participação.

Vejamos agora outra produção:

Desenho da aluna Sophya Assis de Jesu 11 anos, da Escola Municipal Grécia, Vista Alegre. Elaborado s(a orientaçã(da Prof.ª Líd Santos Arru(em 2018.

ANTISSEMITISMO,

Nesta, temos um trabalho de outra aluna do 6º ano de escolaridade. Uma aluna de 11 anos. Que imensa sensibilidade esse desenho nos passa! Mesmo o personagem do desenho estando de costas, percebemos sua imensa solidão e diria mais: a imensa angústia que perpassa em seu olhar para o horizonte, o olhar para um amplo horizonte onde o nada é o que parece mais certo. Um olhar que não vemos, mas sentimos. Como uma aluna da cidade do Rio de Janeiro, moradora de uma área não valorizada pode ter essa "leitura" de mundo em seu trabalho? Aponto essas questões justamente para me contrapor às falas, muitas vezes observadas, de que não adianta trabalhar o tema da Shoá em turmas de 4º, 5º ou 6º anos, pois não seria nada produtivo. Toco nesse ponto, por acreditar na ação transformadora da Educação. Assim como acredito na expressão que tantas vezes ouvi, dita por sobreviventes do Holocausto: "Esquecer jamais!"

HISTÓRIA: MEMÓRIA E TRANSMISSÃO

A História tem como um de seus principais objetivos a perpetuação da memória de fatos, eventos e processos que marcaram a humanidade e, por isso mesmo, não devem jamais cair em esquecimento. E isso independe do grupo étnico ou religioso ao qual pertencemos. A intolerância cometida contra um ser humano é uma intolerância cometida contra um irmão, um ato de violência cometido contra toda a humanidade. Não ser judeu não deve nos fazer calar, desconhecer ou, ainda pior, ignorar atrocidades cometidas por aquele que se julga o mais importante ser que caminhou nesse planeta: o ser humano.

Ao longo dos nove anos coordenando as Jornadas, observei o quanto é preciso falar sobre esse tema nas salas de aula cariocas. E, digo mais, em todo o Brasil. Posso comprovar com situações que me chamaram a atenção nessa última década. Muitas vezes me perguntam porque, depois de tanto tempo, se deve ainda estudar o Holocausto. A resposta não demora a se materializar. Num domingo, dia 20 de abril de 2014, na cidade de Itajaí, em Santa Catarina, cartazes com o rosto de Adolf Hitler foram colados em diversos postes do centro da cidade, comemorando a data natalícia deste funesto ditador e o homenageando. Um grupo, autointitulado "Frente Branca", se colocou como autor desse ato tão incompreensível quanto absurdo, se considerarmos o que representa Hitler e seu pensamento. E atos assim têm acontecido, repetidamente, desde então.

A negação de eventos históricos, por mais documentados e conhecidos que sejam, é um fantasma a assombrar nosso presente. Pior que isso: é um crime contra a memória de todos que pereceram nesse terrível evento. Até quando isso continuará ocorrendo? Mais do que nunca, sim, é preciso falar sobre o Holocausto. É preciso fazer as novas gerações, independentemente de sua classe social, religião ou etnia, conhecerem essa história.

Debater, discutir, conversar, enfim, buscar mais conhecimento sobre o que se passou e ficou registrado na história como "o Holocausto" é mais que importante: é fundamental. E não só pela questão do desconhecimento ou esquecimento, afinal, tantas décadas já se passaram, mas por algo ainda mais terrível: o negacionismo. A História muitas vezes

ANTISSEMITISMO, prega essas peças: o distanciamento temporal nos leva a duvidar da existência de fatos, mesmo que esses tenham sido exaustivamente debatidos e registrados. E sem esquecer o crescente antissemitismo que vem assolando o mundo nos dias atuais. Até quando vamos conviver com isso? Até quando nos calaremos, simplesmente por não ser conosco?

Eis mais uma das motivações para o trabalho feito pelos professores no contexto da Jornada. Como diz o Prof. Carlos Leandro do Carmo Souza, da Escola Municipal Manoel Porto Filho, localizada no bairro de Paciência, Rio de Janeiro: "A Jornada é o caminho de onde tiramos aprendizados importantes, onde nos confrontamos com o pior que podemos ser sem jamais perder a esperança de um mundo melhor e igual para todos. É caminho obrigatório na compreensão de como a falta de direitos básicos pode expor a humanidade a atrocidades como o Holocausto, assim como nos ajuda a entender a importância do respeito aos direitos do cidadão em qualquer tempo".

Fazer parte de um grupo de professores que estudam o tema e buscam conhecer experiências de sobreviventes tem me proporcionado uma oportunidade única, não apenas teórica, mas prática: olhar nos olhos de alguém que passou por tudo aquilo, apertar suas mãos e oferecer um abraço, um abraço repleto de significados, mas que, acima de tudo, quer dizer muito obrigado por ter sobrevivido e poder ainda mostrar ao mundo que todo aquele sofrimento não foi em vão. Não posso me furtar aqui a prestar minha homenagem a três sobreviventes, que marcaram para sempre minha própria vida e as vidas de centenas de alunos que tiveram a extrema honra de ouvi-los e conhecer essa história, através de quem a viveu: Aleksander Laks (*in memorian*), Freddy Glatt e Jorge Tredler.

As visitas de sobreviventes às escolas são muito impactantes no sentido de levar aos jovens o relato de quem viveu o evento histórico, com suas dores e angústias e sobreviveu. A sobrevivência simbolizando a esperança no que de mais precioso nós temos: nossa própria vida. Também reforço aqui a importância das visitas de escolas a exposições sobre o tema do Holocausto. Nesse sentido, uma exposição foi muito relevante e simbólica. Em 2017, o Museu do Amanhã, localizado na Praça Mauá, Rio de Janeiro, inaugurou a mostra *Holocausto: trevas e luz*. Além de todo o material exposto e cedido por instituições judaicas e sobreviventes, tivemos, de modo inédito e especial, a exposição de trabalhos apresentados nas Jornadas dos anos anteriores. Imaginem a emoção de alunos de escolas municipais cariocas tendo seus desenhos e textos expostos num espaço tão especial quanto aquele! Uma "árvore da memória" foi montada na exposição com alguns desses trabalhos. Realmente especial.

A exposição *As meninas do quarto 28*, inaugurada no Museu Histórico Nacional em maio de 2016, na gestão do Prof. Dr. Paulo Knauss, também foi essencial no processo de consolidação do tema junto aos professores e alunos. Várias turmas, orientadas por seus professores, visitaram essa exposição, que trazia um foco especial: crianças confinadas num campo de concentração, *Theresienstadt*, na República Tcheca. A identificação dos alunos com essa exposição foi imediata.

ANTISSEMITISMO, Mais que abranger uma comunidade escolar, essas visitas "ganham o mundo", pois os alunos e professores compartilham entre seus familiares e amigos as suas impressões. As redes sociais ajudam muito nesse papel, pois hoje tudo é fotografado e postado, fazendo a informação e o conhecimento circularem muito mais. E é fundamental que essas visitas tenham um espectro bem mais amplo do que visitas feitas por escolas judaicas, de mais fácil conhecimento do tema, visto vir da própria experiência familiar. No caso dos alunos das escolas públicas, a imensa maioria sequer tinha ouvido falar do tema sem ser nas salas de aula e nos trabalhos desenvolvidos por seus professores.

Assim, esse conhecimento, como diria Rubem Alves, pedagogo, teólogo e escritor (1933-2014) ganha asas, ganha o mundo. E torna-se, efetivamente, uma aprendizagem que tem significado para os nossos alunos, pois aproxima o tema, a princípio visto como distante, de suas realidades. Eles passam a compreender o sofrimento de outros a partir de suas próprias experiências pessoais.

Cada professor, cada pesquisador, tem um compromisso com a história, um compromisso com seus alunos, um compromisso com a verdade: não deixar nunca que um evento como o Holocausto se torne apenas uma página amarelada nos livros de História. Porque quando esquecemos o passado, apagamos muito de nosso futuro!

DIAS DE PERSEGUIÇÃO

Um dos textos premiados em concurso de redações sobre o tema, em 2018.

Aluno: Leonardo Bernardo Bastos – 14 anos – 9º ano – Turma: 1901
Professora Orientadora: Vanessa Soares Matos
Escola Municipal Nelson Prudêncio, Ilha do Governador

Cenas que da mente, nunca sumirão
Dias de desgraça e perseguição
Quando tudo se resumia
A ser ou não
Um "puro alemão"
A ser ou não
Da raça judia
Que Hitler, comandante de uma nação
Fortemente repudia
E a agressão solicita
Pela imprensa incita
A destruição de sinagogas, de lojas, de casas
E a Noite de Cristais ganha asas
Pois não mais bastava usar nas roupas
A estrela, letra escarlate judia
E, na manhã seguinte, o que se via?
Em cacos, vidros; em cacos, vidas
Genocídio, o prazer de pensar num povo em extinção
Que justificava qualquer desumana ação
"Não importa, já que tu não és alemão"
Discursos de ódio com requintes de maldade,
Escamoteados por sorrateira manipulação

ANTISSEMITISMO,

Que diferenciava os humanos em segmentos
Que construía novos fundamentos
Para um novo conceito de razão
Afinal quem eram o mocinho e o vilão?
Cansados de criar maneiras de torturar
Inventaram uma eficaz forma de matar
Foi chamada de câmara de gás
Era a carta na manga, era o Ás
Muitos conheceram a morte
Outros choraram ao vê-la
Uns contaram com a própria sorte
Outros fingiram não percebê-la
E o que hoje farás?
Incitarás a dor?
Inventarás razões
Para, os humanos, segmentar
Ou irás lutar
Para que os horrores vividos na Shoá
Nunca mais
Venham a nos atormentar?

> Existem momentos na vida onde a questão de saber se se pode pensar diferentemente do que se pensa, e perceber diferentemente do que se vê, é indispensável para continuar a olhar ou a refletir". (...) mas o que é filosofar hoje em dia – quero dizer, a atividade filosófica – senão o trabalho crítico do pensamento sobre o pensamento? Se não consistir em tentar saber de que maneira e até onde seria possível pensar diferentemente em vez de legitimar o que já se sabe?

MICHEL FOUCAULT _ *História da Sexualidade II. O uso dos prazeres.* Rio de Janeiro: Edições Graal,1984

ANTISSEMITISMO,

SALOMÃO MALINA NO "TIÇÃO" DO COLÉGIO PEDRO II (ANOS 1940)

Paulo Valadares

Paulo Valadares _ é Mestre em História Social pela USP. Autor de diversas biografias judaico-paulistanas, dentre elas a do fotógrafo Peter Scheier, do cantor negro Beny Yanga, do jornalista Vladimir Herzog, do filósofo Vilém Flusser, do Munkatcher Rebbe etc.

ANTISSEMITISMO,

Salomão Malina é um personagem importante para a história política brasileira, mas é quase desconhecido para o grande público. Sempre lembrado vagamente como o "último Secretário Geral do PCB", até mesmo na *matseivah* (lápide) no Cemitério Israelita do Butantã, em São Paulo, como está desde a sua inauguração em 9 de fevereiro de 2003. Durante décadas ele pertenceu à elite do Partidão, lutou na Segunda Guerra Mundial em campos italianos e viveu clandestinamente parte de sua vida, atento à repressão política, escondido em codinomes e normas de segurança, situação que forjou um homem silencioso, desconfiado e esquivo.

Há pouco material biográfico dele, diria único; há apenas uma biografia apologética: *O último Secretário. A luta de Salomão Malina* (2002), publicado pela Fundação Astrojildo Pereira, do Partido. Nas entrevistas ele se mostra o militante profissional, que dribla os entrevistadores. Não há datas precisas, os locais são vagos. A sua resposta mais frequente é negativa. Sobre a chegada dos pais ao Brasil: "Não sei precisar as datas exatas." Sobre o irmão (talvez do segundo casamento do seu pai): "Não me lembro bem." Quando começou a trabalhar: "Não me lembro muito bem." Por que escolheu aquele lugar? "Não sei." Quantos perseguidos foram salvos? "Não sei o número exato." Por ele se sabe pouco, tem que se ir aos documentos que escaparam ao seu *low-profile*, certidões de óbitos da família, lápides em cemitérios israelitas etc.

No primeiro documento que estudei, ele é um personagem incidental num episódio de antissemitismo, quando foi apontado num "tição" (ironia com o cristão-novo queimado vivo nas fogueiras inquisitoriais) produzido no Colégio D. Pedro II, Rio de Janeiro; baseado em denúncias anônimas, um grupo de alunos judeus estaria tirando o caráter de "brasilidade" daquela instituição, ao serem dispensados das provas que caíram durante o *Yom Kippur* (Dia do Perdão). Documento encontrado pelo professor Orlando de Barros (UERJ) e estudado também por mim.

MALINA & FRAJTAG

É possível seguir os passos dos modestos judeus de nome Malina, através dos registros do dicionarista franco-russo Alexander Beider, pelo Império Czarista: Slutsk, Bolorujsk, Kiev e Berdichev. O nome soa latino mas, é de origem russa e significa "framboesa". A linhagem de nosso personagem é formada por padeiros por gerações em Lodz. Um deles, Jacob Malina (1891-1952), filho de Szlama e Estera Dwojra Malina, que teria sido soldado raso no Exército russo durante a Primeira Guerra e terminou a campanha preso pelos alemães. Com o fim dela migrou para o Rio de Janeiro, onde tinha parentes e conhecidos. É possível que a futura esposa já estivesse por aqui. Laja Frajtag (1894-1945), natural de Opole, filha de Moszek (filho de Hersz e Pesa) e Chana Gitta Frajtag, costureira. Jacob foi motorista e terminou dono de uma lojinha. Viveram inicialmente no Catumbi e depois no centro da cidade, entre outros imigrantes judeus, portugueses e árabes.

Salomão (recebeu o nome do avô paterno) Malina, Schlomo b. Yaakov, filho de Jacob e Lea, nasceu em 16 de

ANTISSEMITISMO, maio de 1924 – esta data encontra-se no registro escolar e na sua *matseivah*. A biografia do Partidão concorda com dia e mês, mas diz que o ano é 1922, talvez para coincidir com a data da fundação do PCB.

Salomão estudava (pretendia ser engenheiro) e trabalhava quando voluntariou-se na FEB para lutar na Itália contra o nazifascismo. Motivado principalmente ao saber o que acontecia com os judeus na Europa. Treinado pelos americanos, foi comandante de um pelotão caça minas (2º Tenente no 11º Regimento de Infantaria de S. João del Rey). Recebeu a Cruz de Combate de 1ª Classe, a mais alta condecoração militar brasileira dada em ação de guerra, por avançar sob fogo inimigo. Esteve na FEB entre 12 de novembro de 1945 a 17 de setembro de 1945. Chegou ao Rio cinco dias depois do sepultamento da mãe, Lea.

No retorno buscou ajustar-se a vida normal, voltou a estudar e trabalhou numa multinacional americana (*Standart Eletric*), mas, pelas atividades políticas, foi preso e excluído de seus objetivos iniciais. Com o tempo, tornou-se um "capa preta" (dirigente partidário) até chegar ao cargo máximo, Secretário-geral a partir de 1986, substituindo o anterior, Giocondo Dias (1913-1987), outro ex-militar.

Ele não era um teórico marxista, mas um dirigente operacional com obrigações bem realistas, graças a experiência militar e a de aprendiz de engenharia. Coube-lhe, no jargão comunista, o TE – "Trabalho Especial" (uma espécie de ministério): promover a defesa física do PCB, organizando os "aparelhos" (casas clandestinas) destinadas a militantes, cuidando da segurança das reuniões secretas (no

VI Congresso perdeu a mão direita testando uma granada artesanal), fornecendo documentos para quem cumpria tarefas e criando rotas clandestinas de fugas e de viagens ao exterior. Isso durante um período de perseguição, quando o partido era ilegal e as forças repressoras do Estado agiam ferozmente, torturando e assassinando os seus dirigentes, quando identificados e presos. Por razões de sobrevivência ele usou vários nomes: Ivan da Silva e principalmente Joaquim Simões, dentre outros. A sua aparência física, moreno e bigode, permitiu a apropriação onomástica com naturalidade. Falava inglês, francês, espanhol e italiano. O que lhe permitia deslocar-se pela Europa sem chamar atenção. Viveu expatriado em Lisboa e Paris a serviço do Partido.

ANTISSEMITISMO NO COLEGIO PEDRO II

O Colégio Pedro II vem de uma longa história, ela começara com o Bispo D. José António de Guadalupe (1672-1740), natural de Amarante, Doutor em Coimbra e frade franciscano, seguindo a política ocupacionista do período joanino, criou um equipamento educacional no Rio de Janeiro, o Colégio de Órfãos de S. Pedro em 1739. Mais tarde ele foi renomeado Seminário de S. Joaquim, até o senador Bernardo Pereira de Vasconcelos (1795-1850), que estudara em Coimbra, apresentar um projeto de reorganizar o seminário numa escola de formação inicial de elites nativas – porta de entrada para os graus universitários. E assim, no aniversário do Imperador-menino, 2 de dezembro de 1837, foi reinaugurado como Colégio Pedro II. Com a República, o colégio perdeu o nome imperial e

ANTISSEMITISMO, recebeu novos nomes ao gosto tecnológico, mas voltou ao antigo nome: Colégio Pedro II (sem o Dom hierárquico). Ele tornou-se uma referência na área educacional, um dos *locus* disputados por grupos em busca de ascensão social. Os professores aprovados em concursos disputados são a nata do mercado: Gonçalves Dias, Joaquim Manuel de Macedo, Júlio César de Melo e Sousa (Malba Tahan), Silvio Romero, Osório Duque Estrada, Barão do Rio Branco, Capistrano de Abreu, José Veríssimo, Coelho Neto, Manuel Bandeira, Pedro Calmon, Aurélio Buarque de Holanda, Villa-Lobos, dentre tantos outros.

A formação de Salomão Malina começou no *cheder* (alfabetização em hebraico), que ele detestou no método, fez o primário e depois entrou no colégio Pedro II, no Rio de Janeiro:

> (...) Depois de terminar o primário, fui para o Pedro II. Na época, a grande vantagem era ser uma escola quase de graça (...) pagava-se uma taxa muito pequena, ao alcance da minha família. E como era comum nessa vida de judeu, havia uma preocupação muito grande para os filhos estudarem. Hoje, posso compreender melhor ter sido um sacrifício danado para eles comprarem livros, a fim de que eu fizesse o exame de admissão e passasse – coisas difíceis na época. Era uma escola muito boa. Nesse período, como adolescente, ajudava meu pai e minha mãe. Não me lembro muito bem, se na terceira ou na quarta série, comecei a trabalhar de dia e a estudar à noite (...)[1]

[1] F.I. Almeida, *...timo secretário. ...ta de Salomão Malina*, 2002, p. 21-22.

Enquanto o aluno Salomão se preocupava com os livros e trabalho, Fernando Antônio Raja Gabaglia (1895-1954), diretor da instituição – descendente de velhas famílias brasileiras que chegava até a cristã-nova Branca Dias, denunciada à Inquisição como judaizante, mas, ele, era "católico confesso", como identificou-se no ofício – buscava responder a Gustavo Capanema (1900-1985), Ministro da Educação e Saúde: se era verdade que provas foram adiadas por causa do *Yom Kippur*. O Pedro II estava perdendo a "brasilidade" pela entrada dos judeus? Rematava exigindo uma lista dos judeus matriculados na escola para providências.

Não era uma novidade o pedido reservado de uma lista de judeus para discriminá-los. O Duque de Villahermosa (Francisco de Aragón y Borja, 1561-1622), ministro real espanhol, ordenou ao Governador do Brasil em 1618:

> (...) *me enviareis quanto mais brevemente possível hua relação muy particular, em que contenhão seus nomes, os logares donde vivem, que fazendas tem, e quais podem ser sospeitosos, e prejudiciais para a comunicação com estrangeiros, para o que tomareis as informações necessárias com mtº segredo* (...).

A relação discriminatória de judeus ibéricos é chamado "Tição". Ele pode ser público, quando publicado em livros e folhetos baseando-se em genealogias *ad odium* (com ódio) mostrando judeus reais ou fictícios, com objetivos antissemitas. São clássicos em português: *A invasão dos judeus* (1925), do lusitano Mário Saa (1893-1971) e parte da obra

ANTISSEMITISMO, de Gustavo Barroso (1888-1959). Outro modo do gênero são as respostas às autoridades discriminadoras, com a relação pedida, como foi no episódio do Colégio Pedro II, Rio de Janeiro.

Fernando Raja Gabaglia, o diretor do Colégio Pedro II, respondeu às "determinações de V. Excia" (Gustavo Capanema) em 14 de dezembro de 1940:

> (...) não há indicação de religião, nem de raça (...) a maioria dos alunos revelando a origem judaica (...) constituem, sendo o número deles de 102, a percentagem de quatro, 4% no total (...) a liberdade de confissão é um postulado da civilização contemporânea (...) se o Colégio Pedro II é cristão, é católico, é também um colégio de profunda brasilidade (...) Se há estrangeiros, aliás, em número reduzido, e se há filhos de semitas no Colégio Pedro II, ele é genuinamente brasileiro. Do seu seio saíram jovens que, na carreira das armas trabalharam e trabalham pela Defesa Nacional (...) Reitero a V. Excia os protestos da minha mais alta estima e distinta consideração.

Não havia política antissemita oficial a ser seguida no Colégio, mas ela existia através de indivíduos que se pretendiam aristocratas e copiavam modos europeus da época, discriminando judeus quando podiam, afastando-os daquele espaço. Um destes momentos foi no concurso para professor em 1919. Apresentou-se como candidato o judeu magrebino David José Pérez (1883-1970), que tirou 9,6, mas não levou a cátedra. Ela ficou com o filólogo Antenor de Veras Nascentes (1886-1972), num resultado contestado. Ironicamente, Nascentes era mestiço de branco e preto e neto de judeu alemão (Guttman). Mais tarde entravam para os quadros do magistério: o Pérez, já citado; Paulo Rónai (1907-1992), judeu húngaro.

Não se sabe como Raja Gabaglia produziu o seu "Tição" involuntário, se sozinho ou assessorado por alguém. Moysés Genes (1919-2007), judeu pernambucano, que foi aluno nos anos 1930 (e depois Diretor) menciona em suas memórias dois antissemitas na direção da casa: o secretário Otacílio Pereira e o professor Hugo Segadas Viana – que poderiam ter "denunciado" a expressiva presença judaica anonimamente, penso eu. Como Raja Gabaglia diz não ter a informação sobre a religião dos alunos, ele baseou-se apenas nos nomes. De qualquer forma entre os 102 "denunciados" ele errou apenas nove nomes, excluindo os que não foram apontados pelo dedo acusador.

O nosso personagem está lá:

"65 – SALOMÃO MALINA. Filho de Jacob Malina. Nascido a 16 de maio de 1924 no Distrito Federal. Rua da Alfandega, 330 – Centro."[2]

Salomão frequentava a 4ª série F/turno da tarde, quando deste episódio, junto a dois outros garotos judeus. Arão Jacob Lachman, morador de Bonsucesso; e Maurício Goldfeld, morador na Almirante Tamandaré. Dos outros listados, Mauricio Pinkusfeld (1924-1981) foi eleito deputado estadual por vários mandatos. Já Salomão, foi pela carreira das armas.

2_F.R. Gabaglia *Ofício ao Ministro Gustav Capanema*, 1940, p. 8.

ANTISSEMITISMO, A lista discriminadora foi inócua, mas imagine se a ala germanófila tivesse vencido no governo Vargas, aderindo ao Eixo. Por ela é possível perceber como o antissemitismo penetrara na sociedade brasileira, atacando crianças e adolescentes judeus, ao identificá-los, deixando-os vulneráveis à perseguição sem possibilidade de defesa. Ela foi feita em segredo e se não fosse um historiador ninguém saberia.

Circunstâncias internas e externas desfavoráveis trouxeram o fim do PCB nos anos 1990, quando ele deixou a insígnia da "foice e do martelo" e até a doutrina marxista-leninista. Fundamentalmente o "racha" promovido pela "ala chinesa", favorável à luta armada nos anos 1960 e o fracasso do "socialismo real" na URSS levaram-no a transformação em Partido Popular Socialista – PPS. Salomão Malina substituiu a Giocondo Dias, no seu impedimento por motivos de saúde. Reconhecido como tal, ficou no cargo até o ocaso do partido.

A sua relação com os judeus sempre foi identitária: filho de pais judeus, frequentou o *cheder* e entidades judaicas de esquerda como a Bibsa – Biblioteca Israelita Brasileira Scholem Aleichem. Definia-se como "judeu, pobre e comunista". Participou da Guerra motivado pelas perseguições aos judeus. Considerava Israel "importante para os judeus". Casou-se com esposa judia. Rosa. Das fotos que sobreviveram de sua infância e adolescência, sobraram apenas as da permanência no Pedro II, fardado "militarmente" aos onze anos e na formatura aos dezoito anos; e a que sempre usou para identificá-lo foi a do *bar mitzvá* (maioridade aos 13 anos) com *kipá* (solidéu) e *talit* (xale).

Depois de ultrapassar tantas peripécias ele faleceu em São Paulo, a 31 de agosto de 2002 e foi sepultado no Cemitério Israelita do Butantã, em São Paulo, no alto de uma ladeira, ao lado da rua Efraim, na posição de atalaia, bem próximo do Monumento às Vítimas do Holocausto. Bom lugar para alguém que sofreu discriminação por ser judeu – "turco safado", "judeu sem vergonha" como era insultado quando jovem[3] – e que teve oportunidade para reagir e reagiu.

[3] F.I. Almeida, op. cit., p. 22.

BIBLIOGRAFIA

ALMEIDA, Francisco Inácio de (org.). *O último secretário. A luta de Salomão Malina*. Brasília: Fundação Astrogildo Pereira, 2002.

BARROS, Orlando de. "Preconceito e educação no governo Vargas (1930-45). Capanema: um episódio de intolerância no Colégio Pedro II". In: *Cadernos avulsos da Biblioteca do Professor do Colégio Pedro II*, nº 8, Rio de Janeiro, 1987.

BEIDER, Alexander. *A dictionary of Jewish Surnames from the Russian Empire (revised edition)*. Bergenfield: Avotaynu, 2008.

BLAJBERG, Israel. *Soldados que vieram de longe – os 42 heróis brasileiros judeus na 2ª Guerra Mundial*. Rio de Janeiro: Resende, 2008.

GABAGLIA, Fernando Raja. *Ofício ao Ministro Gustavo Capanema*. Em: Arquivo Gustavo Capanema, GCg1935.10.18/1, 14 de dezembro de 1940, Fundação Getulio Vargas, Rio de Janeiro.

GENES, Moysés. *O 11º mandamento: reencontros*. Rio de Janeiro: Garamond, 2002, p. 153-154.

SILVA, Ana Maria da. Itinerários da produção intelectual de Antenor de Veras Nascentes na comunicação científica. Rio de Janeiro: UFRJ/IBCT (dissertação de mestrado), 2012.

VALADARES, Paulo. "O *'tição' do Colégio Pedro II: Identidade judaica no Rio de Janeiro (década de 1940)*". In: Boletim do AHJB, nº 37, S. Paulo, maio de 2007, p. 29-33.

VILLAHERMOSA, Duque de. *"Sobre digªs e gente de nação"*. Carta LIV, Madrid, 20 de novembro de 1618.

"

Mas aí está o desafio. Educar para a tolerância adultos que atiram uns nos outros por motivos étnicos e religiosos é tempo perdido. Tarde demais.
A intolerância selvagem deve ser, portanto, combatida em suas raízes, através de uma educação constante que tenha início na mais tenra infância, antes que possa ser escrita em um livro, e antes que se torne uma casca comportamental espessa e dura demais".

UMBERTO ECO _ *Cinco escritos morais*. Rio de Janeiro: Ed. Record, 1998

ANTISEMITISMO,

EDUCAÇÃO COMO MEIO DE ELIMINAR A MENTALIDADE RACISTA

Davi Windholz

Davi Windholz _ Formado em pedagogia pela Universidade de Jerusalém, pós-graduado em Dinâmica de Grupo e Terapia de Gestalt de Grupo pela Universidade de Tel Aviv e Psicologia Social pelo Instituto Pichon Rivier. Está finalizando Doutorado em Inteligência Emocional e Comunicação Não Violenta. Autor do livro *A psicopedagogia do amor*. Fundador e diretor do *Alternative for Peace and Nonviolence Communication* e membro da direção do movimento *Land for All*, a favor de dois estados confederativos (Israel e Palestina) e de *Galillee for All*, rede de 25 ONGs que estão desenvolvendo um espaço comum arabé-judeu na Galileia Ocidental.

ANTISSEMITISMO, Tenho em minha vida dois trabalhos centrais. O primeiro é minha profissão de educador. Como tal, tenho me preocupado sempre em criar modelos educativos que preparem a nova geração para confrontar-se com os dilemas da época. Atuo para a criação de um processo educativo no qual o sujeito adquira uma visão crítica do mundo, seja capaz de analisá-lo e, a partir daí, tomar seu próprio caminho em níveis pessoal e sociopolítico. O segundo trabalho, e este é voluntario, é meu ativismo político. Acredito na paz, na bondade humana e no amor como sentimento que leva à reconciliação entre pessoas e povos. Relatarei aqui alguns passos que, acredito, podem combater o racismo, a começar pela educação e chegando às mudanças políticas.

Acredito que vivemos num mundo melhor e menos violento que há duzentos anos, no qual bater, abusar emocional e fisicamente de crianças e mulheres é proibido por lei em pelo menos metade do globo terrestre. Mas também acredito que estamos mirando um mundo que não conhecemos e não entendemos. *Homo Sapiens* que se transformarão em *Homo Bionicus*. Mundo em que o trabalho será secundário e ainda não temos ideia do que virá em seu lugar nem como e onde encontraremos conteúdo para ocupar o espaço temporal que se tornará vazio. Mundo em que o sexo biológico não determinará a sexualidade da pessoa e onde famílias e casais normativos darão espaço a famílias de casais heterossexuais e homossexuais, uniparentais, multiparentais. Mundo em que a economia não será marxista ou capitalista, que serão deixadas para trás como deixamos para trás o feudalismo e o mercantilismo. Mundo em que a energia não será mais carbonizada com alto custo e a energia verde será praticamente gratuita. Mundo de robôs e impressoras tridimensionais. Mundo ainda desconhecido mas que, sabemos (ao contrário dos seres humanos de um século atrás), será inteiramente diferente do atual. A conscientização de que vivemos num período de transformações intensas assusta, amedronta. Principalmente àqueles que estão no poder e sentem que ele pode estar lhes escapando por entre as mãos.

Esse medo cria um vetor negativo que tende a frear e fazer retroceder o processo de mudança. Uma âncora para impedir que o barco siga seu rumo de evolução da humanidade. Nessas primeiras décadas do século XXI testemunhamos, em vários países democráticos, forças reacionárias carregando a bandeira do conservadorismo, do racismo, da homofobia e da xenofobia. Forças da obscuridade. Forças que se apegam ao problema em vez de abraçar a solução. O que isso significa?

Fazer parte do problema significa relacionar-se com o medo, com o passado, com a narrativa dogmática de sua história. Fazer parte do problema significa desenvolver uma educação baseada na ideologia do medo, na ignorância, gerando o ódio. Fazer parte do problema significa polarizar as ideias, desumanizar, animalizar, deslegitimizar o outro. Fazer parte do problema significa criar muros reais e virtuais entre as partes, boicotar, não dialogar. Viver no problema é viver no passado.

Fazer parte da solução significa relacionar-se com o amor, o presente e o futuro, sem esquecer do passado,

ANTISSEMITISMO, entendendo que existem duas narrativas, que precisarão ser analisadas no futuro, quando nossos corações não estiverem transbordados de sofrimento, medo e ódio. Fazer parte da solução significa criar uma educação de amor à vida, pensamento crítico e conhecimento de causa, gerando a esperança. Fazer parte da solução significa criar pontes entre as ideias, humanizar o outro, legitimizar sua existência. Fazer parte da solução significa destruir muros, cooperar, dialogar. Viver na solução é viver no presente.

Vemos em muitos sistemas escolares a mesma doença universal: a fobia ao diferente, ao pensamento crítico, ao pluralismo cultural, religioso, étnico, genérico. Sistema escolar obtuso, doutrinário. Sistema que Paulo Freire chamava de "Educação bancária": a prática da "Ideologia do medo", transmitindo a informação que convém ao educador, mantendo o educando passivo, ignorante em sua busca do saber, criando o espaço perfeito para desenvolver o ódio e a violência.

Estamos vivendo uma renovação do racismo, antissemitismo, homofobia, islamofobia, que são resultado do processo ideológico contrário às mudanças radicais da civilização, ao desconhecido e à nova configuração econômica, política, cultural e social do mundo.

A pandemia da Covid 19, em desenvolvimento no momento em que escrevo este artigo, veio nos dizer que, apesar do incrível avanço nas ciências e na tecnologia, não dominamos o futuro e também que a mente racional não é suficiente para confrontarmos o futuro. Somos de uma ignorância total e de uma desinformação desnorteadora em relação aos dilemas que estamos enfrentando. O não saber, alimentado pela ideologia do medo, por interesses das classes dominantes, leva ao ódio mútuo, à ruptura entre partes da sociedade. Dividir para governar. Conflituar para governar. Apontar um grupo étnico, cultural, nacional, de gênero como responsável por todos os nossos problemas.

Freire também dizia que sem a educação libertadora o sonho do oprimido (da vítima) é tornar-se o opressor. Há uma relação simbiótica entre opressor e oprimido. Sempre acreditamos que o sentimento contrário ao medo é a coragem. Mas não. O amor é aquele que se opõe ao medo. A Psicopedagogia do Amor (PPA), modelo teórico e prático que desenvolvi, é o antídoto a todos aqueles que querem que o mundo caminhe para trás, por medo de olhar e enfrentar o desconhecido pela frente. Ela se oporá à "Ideologia do medo" e à "Educação bancária", criando um espaço no qual educador e educando passarão por um processo de reconciliação consigo mesmo, com o outro e com o mundo, Mãe Terra. Na libertação do oprimido se fará a libertação do opressor. Ao desvitimizar-se, o oprimido liberta-se do opressor.

PSICOPEDAGOGIA DO AMOR
Minha educação foi fundamental na definição do processo libertário e da Psicopedagogia do Amor, que tem como **primeiro princípio** a *práxis* – diálogo (reflexão) e ação. Minha família, judeus alemães tradicionalistas, emigrou para o Brasil fugindo do nazismo. Assim que chegaram,

ANTISSEMITISMO,

meus avós começaram a atuar na comunidade judaica. Posso resumir a ação familiar em *práxis*, muita reflexão e muita ação. Em hebraico, diria que a *Moreshet* (o legado) familiar, principal preceito do judaismo, foi e é *Tikun Olam*, a Reparação do Mundo.[1]

Muitos acontecimentos em minha vida me levaram a concluir que a *práxis* e *Tikun Olam* são dois processos fundamentais: para haver *Tikun Olam* é necessário a *práxis*. A reflexão sem a ação não leva a nada, talvez produza uma reunião amistosa e uma ótima conversa sobre os valores do mundo. A ação sem reflexão, da mesma forma, não aponta um rumo, não tem objetivo claro e definido. Não há crítica e autocrítica. A *práxis* é uma espiral ascendente, na qual cada fase representa um passo a mais para um mundo melhor. Paulo Freire, depois de minha família, foi meu segundo mestre do pensar e do agir. Ele afirmou que "A teoria sem a prática vira 'verbalismo', assim como a prática sem teoria vira ativismo". No entanto, quando se une a prática à teoria tem-se a *práxis*, a ação criadora e modificadora da realidade.

Aos 18 anos, em 1973, fiz *aliá*, ou seja, emigrei à Israel. País de meus ancestrais, então país humanista e socialista. Auge do judaismo de *Tikun Olam*. Quase utopia. Fui estudar Física e Matemática, mas ao deparar-me, um ano depois, com a problemática e a segregação de judeus orientais (vindos dos países árabes) pelos judeus ocidentais (vindo dos países europeus) decidi abandonar os estudos de Ciências Exatas, passando a estudar Pedagogia, dinâmica de grupo e terapia gestáltica. Esse era o início

1_"Reparação do mundo" é um importante conceito do judaísmo, interpretado como uma aspiração para comportar-se e agir de forma construtiva e benéfica. O *Tikun Olam* é formado por um tripé de valores e [é]ticas: *tzedaká* ([ju]stiça), *chessed* (compaixão) e *shalom* (paz). Na prática, representa o desafio do ser [hu]mano de buscar [co]nstantemente [a] justiça social, liberdade, [igu]aldade, paz e o [cui]dado com tudo [q]ue cerca a vida [hum]ana, incluindo [n]atureza e meio ambiente.

de minha reflexão social. Junto a isso passei a integrar um projeto da universidade, vivendo num dos bairros pobres de Jerusalém (Katamonim), foco de delinquência e prostituição juvenil, e trabalhei na formação de lideranças juvenis e adultas. Meu primeiro passo em direção à ação. *Tikun Olam* através da *práxis*.

    O trabalho em Katamonim e os estudos da Gestalt e da Psicopedagogia da Gestalt me levaram ao **segundo** e ao **terceiro** princípios da Psicopedagogia do Amor – a vivência. Somente através da vivência se dá o processo educativo. Essa vivência é holística, pois o ser humano é holístico. Ao ativar o sistema sensorial, emocional e racional do indivíduo em diálogo com o outro, se transformará tanto o mundo do primeiro como o do segundo, do educando como o do educador, do oprimido como o do opressor. Freire disse: "Educação não transforma o mundo. Educação muda pessoas. Pessoas transformam o mundo."

    Nos últimos vinte anos venho me especializando em inteligências múltiplas e inteligência emocional. O conceito de inteligência e de QI, desenvolvido no início do século XX, criou um mecanismo de seleção em todos os níveis das sociedade: escolar, universitário, profissional etc. Definiu quem pertence à elite intelectual ou à massa braçal, utilizou a teoria de raças definindo qual delas possui o maior QI e porquê, dando base "científica" ao racismo, à segregação, à des-inclusão. Em oposição a esse conceito, as inteligências múltiplas vieram revolucionar e transformar o mundo. O conceito de que não existe um só padrão de inteligência e, portanto, não se pode defini-la através de uma escala, democratizou o conceito de inteligência, individualizando-a e criando um perfil único para cada indivíduo, com respeito às multi-inteligências. Dessa forma, os processos educativos passam a ser inclusivos, destituindo o conceito de "inteligência racial". "Não existe saber mais ou saber menos. Existem saberes diferentes", disse Paulo Freire, antecipando em décadas a visão das inteligências múltiplas.

A multiplicidade do indivíduo é o **quarto princípio** da Psicopedagogia do Amor. Cada ser humano é particular, com um DNA e um perfil de inteligência únicos, independentemente do meio ao qual pertence. O diálogo entre o racional e o emocional, entre a reflexão e a ação, é o **quinto princípio** da Psicopedagogia do Amor. O indivíduo com mentalidade racista não se libertará de seus medos e não refletirá sobre sua ignorância sozinho. Da mesma forma, o oprimido, a vítima, não se libertará sozinho de seus medos e de sua ignorância. Cada qual se apega à sua narrativa, racionalizando o mundo externo, diminuindo a dissonância de tal forma que seja coerente com seu mundo interno. Somente o diálogo e a vivência comum poderão realizar uma transformação nos mundos internos de cada um, resultando numa transformação no mundo externo comum aos dois.

MUDANDO MENTALIDADE

Portanto, a resposta à pergunta se podemos mudar a mentalidade racista é positiva. Aqui me permito uma referência ao conflito palestino-israelense. Ali Abu Awwad, palestino, de família de fundadores da OLP (Organização para a Libertação da Palestina), cujo irmão foi morto pelas forças do exército israelense, esteve preso durante quatro anos nas prisões de Israel. Hoje é líder do movimento pacifista palestino e certa vez afirmou que "o povo palestino terá sua liberdade no dia que deixar de sentir-se vítima da opressão israelense". Eu lhe respondi: "O povo judeu será livre somente no dia em que o povo palestino tiver sua liberdade. A liberdade de um será possível somente com a liberdade do outro." Esse é o **sexto princípio** da Psicopedagogia do Amor.

O racismo, o estereótipo, o ódio, a violência, em Israel e na Palestina, já estão infiltrados nos três níveis que Martin Luther King definiu como os níveis do racismo e da violência: (1) no nível individual, na narrativa particular, no contexto individual, familiar e comunitário; (2) no nível organizacional-institucional. Organizações refletem isso através de normas e contratos sociais impostos aos que integram essas estruturas. Finalmente, (3) no nível nacional, através de leis determinadas pelos poderes Executivo e Legislativo, com cunho racista, contra direitos humanos de setores minoritários na sociedade.

Os livros escolares, na Palestina e em Israel, estão cheios de textos racistas, estereotipando e desumanizando o outro, o inimigo. A linguagem diária nos meios de comunicação transmitem mensagens subliminares, que penetram no inconsciente individual e coletivo, influenciando a narrativa racista. A transformação somente se realizará pelo diálogo construído dentro do processo educativo, no qual opressor e oprimido vivenciam juntos a re-humanização de ambos. Dialogando, conhecendo-se, olhando-se, tocando-se,

ANTISSEMITISMO, descobrem um ao outro, desintegram os estereótipos, perdendo o medo, fonte da raiva e do ódio.

Não acredito em caminhos curtos. Não acredito em punir o racista, o opressor. Isso pode solucionar um problema pontual, mas não eliminará o vírus da contaminação do racismo. Acredito em processos educativos unidos a processos sociopolíticos. Quanto antes começarmos esse processo, mais chance temos de criar um antídoto ao racismo. Em 2004, passei a viver na Galileia, onde fundei a ONG Centro Alternativo para a Paz e Comunicação Não Violenta. É um espaço de desenvolvimento que oferece atividades bilíngues (hebraico-árabe) para crianças e jovens – judeus e árabes israelenses, israelenses e palestinos – e onde o diálogo, a vivência, a reflexão e a ação se fazem desde o mais cedo possível.

Desde o início a ideia foi a de desenvolver um processo preventivo, no qual a criança adquirisse pensamento crítico e estrutura emocional sem absorver o medo, a narrativa obtusa e o ódio impregnado na "Ideologia do medo" que predomina na sociedade. Ou, alternativamente, criar um processo restaurativo, no qual crianças e jovens já influenciados pelo meio, carregando uma dose contaminada de medo, ignorância e ódio, pudessem conviver de forma positiva um com o outro, reorganizando suas matrizes, incorporando novas vivências, equilibrando os aspectos emocionais.

A Psicopedagogia do Amor é a proposta de um processo individual e social, para a re-humanização do indivíduo e da sociedade. Acredito que uma proposta psicopedagógica, ou uma proposta político-social soltas, isoladas, não levarão a uma evolução da situação humana. Somente a simbiose indivíduo/sociedade significará um avanço para essa situação – uma transformação das contingências sociais, políticas e econômicas, assim como uma mudança nos processos internos do indivíduo. Sem a aquisição de instrumentos e energias voltados para uma transformação prática do mundo, sem a ação para uma mudança e transformação do meio e sem um processo de conscientização do ser interior e do meio, não haverá uma transformação constante. Somente a *práxis* conseguirá esse resultado.

Assim, para eliminarmos os estereótipos, o racismo, o ódio e a violência, temos que criar um processo de conscientização de nossa própria violência, agressão, medos, estereótipos, e ao mesmo tempo mudar as contingências negativas do meio, que proporcionam o surgimento dessa agressão. Mas será possível aplicar esse modelo teórico na prática?

Em nosso Centro *Merchavim* (Espaços), cada criança tem o direito de desenvolver seu espaço de vida. O primeiro passo foi pesquisar quais são as mudanças essenciais para criar um ambiente positivo, no qual a criança sinta-se respeitada, segura em ser o que é, dizer e agir como desejar. Ou seja, a criança é levada a refletir e agir de acordo com seu verdadeiro mundo interior, por um lado, e, por outro, há que se assegurar que o educador não utilize instrumentos que o coloquem numa situação de superioridade, podendo manipular o poder e a opressão. Através do modelo de "erro e acerto" chegamos a quatro parâmetros estruturais fundamentais.

Desenvolvemos uma estrutura organizacional na qual (1) não há punições; (2) as atividades são voluntárias (a criança decide se quer participar ou não); (3) os educadores são proibidos de gritar; (4) criamos uma comissão de mediação com representantes de cada grupo (1º ao 6º anos do ensino fundamental), com um monitor cuja função é mediar conflitos que surjam durante o processo educativo.

A partir dessa estrutura, criamos um programa de desenvolvimento da inteligência emocional, uma espiral ascendente reflexiva na qual a criança desenvolve:

1. Conscientização: a capacidade de identificar situações emocionais, necessidades, vontades, pensamentos, julgamentos. Identificar a gama de comportamentos/atitudes, com quem e em que contexto. Identificar reações sensoriais, emocionais e racionais em situações diárias problemáticas, entender o porquê, as origens dos processos identificados e encontrar respostas racionais, emocionais e sensoriais adequadas a essas situações.

2. Gerenciamento das emoções: a capacidade de canalizar positivamente as emoções e as respostas emocionais, de tal forma que consiga dialogar consigo mesmo e com o outro sobre as emoções emergentes.

3. Atitude em relação à vida: visão positiva, otimista, de cooperação, capacidade de assumir a responsabilidade de seus atos e de ver as situações em suas devidas proporções. Desenvolver a capacidade de transformar um problema em uma oportunidade.

4. Empatia: capacidade de se identificar com o outro de tal modo que, mesmo que a criança/jovem tenha um posicionamento racional, emocional ou de valores contrários ao outro, seja capaz de colocar-se no lugar desse outro aceitando as diferenças, entendendo que elas, de fato, enriquecem a comunidade em que vivemos. Vivenciar os pontos em comum e festejar as diferenças, essa é a mensagem.
5. Comunicação positiva não violenta: a capacidade de expressar-se de forma positiva e efetiva, de modo que o outro tenha a possibilidade de absorver e apreender o que foi dito ou feito. Aprender como falar para que o outro escute, e, ao mesmo tempo, como escutar para que o outro fale.

Essa estrutura, unida ao processo de desenvolvimento de inteligência emocional, possibilita a aquisição de uma "cultura organizacional" para a liberdade, criando um espaço no qual a criança pode desenvolver-se sem medo, dialogando com seu mundo interno, com o outro e com o meio, ao mesmo tempo que respeita as diferenças e estabelece uma relação positiva com a vida. Cada criança assume a responsabilidade individual e grupal, entendendo que não é mais vítima do sistema, mas sim responsável por ele, criando uma relação de W-W (*win-win situation* [ganha-ganha]) como membro do grupo e com as "autoridades" ou "adultos", sem ter medo de ser quem ela é, de sentir e falar o que quer e atuar como deseja. Ser o seu SER. Desta forma a criança assume uma atitude otimista em relação ao sistema, a si e ao outro, entendendo que um conflito, diferenças de ideias, de forma de ser (cor, religião, etnia, nacionalidade) só enriquecem o seu próprio ser. Nesse momento não há mais medo, preconceito, estereótipo, ódio. Há uma relação positiva, de amor consigo, com o outro e com o meio.

ENCONTRAR, DIALOGAR, CONHECER

Vou exemplificar através de um de nossos projetos, a colônia de férias com 21 dias de duração. O primeiro fator é o encontro. Crianças de mais de quinze cidades e aldeias, judias e árabes, muçulmanas, cristãs e drusas. Elas nunca se encontraram e estudam em escolas diferentes, onde têm as aulas em hebraico ou árabe.

O segundo fator é a comunicação. Nossa colônia é bilíngue, hebraico-árabe. Falamos o tempo inteiro as duas línguas. Em cada grupo há dois monitores que traduzem de uma língua a outra. Ser bilíngue não significa somente a língua falada. Essa postura tem um sentido bem mais profundo, pois representa a família, a comunidade, a cultura, a religião, a etnia, a nacionalidade. Dialogamos simetricamente, aprendendo um com o outro, enriquecendo nosso mundo interno.

O terceiro fator é o conhecer. Romper a ignorância, o desconhecido. A cada manhã aprendemos um pouco mais sobre o outro: palavras em hebraico e árabe, visitas às comunidade entrando nas casas, nos centros religiosos, passeando nas ruas.

O quarto fator são as atividades. Dividimos os grupos de acordo com três particularidades: (1) A idade – meninos e meninas, judeus e árabes com a mesma idade frequentam o mesmo ano escolar; (2) o interesse – o comum é que judeus e árabes, meninos e meninas de idades diferentes, gostem de fazer as mesmas coisas (esporte, dança, artes, teatro); e (3) a língua (hebraico ou árabe) – meninos e meninas, de várias idades têm a língua hebraica ou árabe e a cultura comum. Dessa forma, as crianças aprendem que a identidade pessoal é muito mais complexa do que o ensinado a elas até aquele momento.

O quinto fator é o diálogo. A qualquer momento conversamos, desenhamos, teatralizamos, dançamos nossas emoções, nossos estereótipos, nossos medos. Extrapolamos o medo que sentimos e o que pensamos um do outro para chegar a conclusão que "existem judeus e árabes bons e ruins", assim como existem homens e mulheres, brancos e pretos, jogadores de futebol, artistas, políticos etc., bons e ruins.

Muitas vezes exemplos particulares, pequenas histórias, exemplificam todo o processo. Cito três situações:

Há alguns anos uma mãe me telefonou contando que seu filho, que cursava o 5º ano do ensino fundamental, discutiu com os colegas de classe após um ataque terrorista em Israel. Todos os alunos diziam que os árabes eram terroristas e queriam nos matar. A criança levantou-se e disse à classe que isso era mentira e que naquela turma ninguém nunca havia conversado com um árabe. O que não era o seu caso. Ele sim, não só conversava como muitas vezes ía a casa deles. E eles, os árabes, não eram assim. Essa criança refletiu e agiu, transformando seu mundo interno e atuando no mundo externo. Meu sentimento foi o de missão cumprida.

Em uma das colônias de férias, o tema foi *Tikva-Amal* (Esperança). Trabalhamos com sonhos individuais, sonhos grupais; a esperança é transformar o sonho em realidade. Por fim, as crianças desenharam o sonho coletivo – a esperança: a paz. Os desenhos foram editados num pequeno livro que, junto com uma carta, foram entregues aos presidentes de Israel e da Palestina, pedindo que atuem em prol da paz. Esse ato de entrega concretizou a reflexão das crianças numa ação, elevando o processo não só de sonhar, mas de realizar algo com esse sonho. Houve um impacto muito grande nas crianças e em suas famílias. Na capacidade individual de influenciar, de agir, de "chegar ao presidente de meu país".

Um último exemplo com jovens judeus e palestinos. No seminário de ativismo pela paz, trabalhamos com os medos e raivas extrapolando-os por meio de atividades teatrais. Passando a um processo de reflexão crítica das narrativas de cada povo e de sua própria. Grupos mistos, falando hebraico, árabe e inglês. As línguas eram reflexo do diferente e do comum que possui a juventude hoje em qualquer parte do mundo. Ao final, após a reflexão, cada grupo original (de acordo com a cidade ou região) voltou a unir-se, traduzindo o processo de reflexão em ação – comunitária e política. Assim atuamos em nossa Comunidade pela Paz e pelo combate à violência e ao racismo.

Portanto, sim. Acredito que por meio da educação podemos criar uma geração que não seja racista. No momento posso influenciar, somente com o trabalho do meu Centro, algumas centenas de crianças e jovens a cada ano. Posso inspirar jovens nas colônias de férias, acampamentos e seminários que promovemos e instigar adultos em meus *workshops*. Mas somente com uma mudança radical nos três níveis definidos por Martin Luther King é que de fato conseguiremos eliminar o racismo da sociedade, isto é, mudando as contingências políticas, econômicas, culturais e sociais de tal forma que o indivíduo não se sinta ameaçado e possa ser o que realmente é.

Observando a realidade pelo ângulo pedagógico-político, traduzo os níveis definidos por Luther King em ações educacionais-comunitárias. O primeiro passo é uma mudança radical no sistema educacional, transformando-o de uma "educação bancária" em uma educação para a liberdade, ou passando de uma psicopedagogia do medo à Psicopedagogia do Amor. O segundo passo exige uma transformação local, de organizações e comunidades, promovendo, por meio de *workshops*, os parâmetros estruturais e o processo de desenvolvimento de inteligência emocional. O terceiro passo, nacional, é a transformação resultante do processo individual, organizacional e comunitário, através de mudanças no sistema político.

Mantenho contato com palestinos e judeus religiosos assentados na Cisjordânia para tentar criar uma ponte de diálogo para a reconciliação entre os povos. O domínio sobre o outro, seja outra pessoa ou povo, cria uma relação na qual os dois lados não são livres. São escravos de suas narrativas, seus medos. A liberdade de um será total

ANTISSEMITISMO, somente com a liberdade do outro. O movimento sionista como movimento de libertação do povo judeu somente estará completo e realizado quando o povo palestino obtiver a sua liberdade. Através dos acampamentos, colônias de férias e seminários de crianças e jovens judeus e palestinos esperamos criar uma nova forma de relação, na qual conhecendo o outro, olhando em seus olhos, dialogando, se perca o medo e se crie a relação positiva, não violenta, de amor ao outro, amor à vida.

O QUE SIGNIFICA PARA MIM SER JUDIA[1]

Existe uma conexão muito antiga entre judaísmo e lei. Durante séculos rabinos e outros eruditos judeus estudaram, reestudaram e interpretaram incessantemente o *Talmude*. Esses estudos produziram um vasto corpo de escritos jurídicos. Judeus foram chamados "o povo do livro" como um reflexo do lugar primordial que o aprendizado ocupa entre seus valores culturais.

A tradição judaica sempre valorizou a erudição de juízes e advogados e quando foram suspensas as restrições antissemitas às ocupações que poderiam exercer, os judeus, em todos os países onde viviam, foram atraídos para profissões letradas. Nos Estados Unidos o Direito tornou-se um baluarte contra o tipo de opressão que os judeus sofreram em muitos países e por incontáveis gerações. Judeus, em grande número, escolheram a carreira de advogados, alguns posteriormente tornaram-se juízes e os melhores dentre os juristas usaram a lei para garantir que a justiça alcançasse a todos.

No trabalho de meus predecessores judeus na Suprema Corte fica evidente a utilização da lei como protetora dos oprimidos, dos pobres e dos solitários. O comando bíblico: "Justiça, justiça deverás perseguir" é o fio que os une. Essas palavras estão gravadas na parede do meu gabinete como uma constante advertência do que os juízes devem fazer para que "possam ter sucesso".

Arthur Goldberg, falecido juiz da Suprema Corte (e ex-presidente do *American Jewish Committee* [Comitê Judaico Americano], disse certa vez: "Minha preocupação com a justiça, a paz e o discernimento emanam da minha herança". Sinto-me afortunada por estar ligada a essa herança.

[1] Adaptado do discurso da juíza Ginsburg no Encontro Anual American Jewish Committee, maio de 1995.

Cada vez que visito o Museu Memorial do Holocausto norte-americano relembro que o reino do mal de Hitler, seu "Reino do Holocausto", era um reino cheio de leis. Juristas de vanguarda da altamente educada comunidade jurídica da Alemanha participaram voluntariamente da elaboração das leis do Terceiro Reich. Depois de colaborarem como redatores, esses juristas afastaram-se das consequências humanas das novas leis, refugiando-se em um profissionalismo impiedoso. Eles estavam, de acordo com suas narrativas, simplesmente servindo e impondo a lei e a ordem.

Devemos aprender com esse terrível passado e esforçarmo-nos para garantir que ele não se repita. Em tempos ruins, em sociedades opressoras, nossa humanidade deveria fazer com que nos agarrássemos à nossa decência humana para que nunca venhamos a aplicar, a serviço de líderes políticos, leis que neguem a humanidade ou a dignidade humana do Outro.

Sou uma juíza nascida, criada e orgulhosa de ser judia. A exigência por justiça permeia a totalidade da tradição judaica. Espero que, em meus anos na Suprema Corte dos Estados Unidos, eu tenha a força e a coragem de permanecer fiel a serviço dessa exigência.

RUTH BADER GINSBURG _ Foi juíza da Suprema Corte dos Estados Unidos de 1993 até sua morte, em 2020. Conhecida por sua atuação feminista e progressista, tornou-se um ícone cultural em seu país.

2020 © Numa Editora

Antissemitismo, uma obsessão.
Argumentos e narrativas

EDIÇÃO
Adriana Maciel

PRODUÇÃO EDITORIAL
Marina Lima

PROJETO GRÁFICO
Dupla Design

REVISÃO
Vanessa Ribeiro

AGRADECEMOS O APOIO DE:
Genny Nissenbaum
Sheila Najberg
Chevra Kadisha
Museu Judaico do Rio de Janeiro

CHEVRA KADISHA
RIO DE JANEIRO, BRASIL

Museu Judaico
DO RIO DE JANEIRO

Agradecemos também a George Israel e
ao American Jewish Committee.

Antissemitismo, uma obsessão: argumentos e narrativas /
organização Eliane Pszczol, Heliete Vaitsman.
-- 1. ed. -- Rio de Janeiro: Numa Editora, 2020.

ISBN 978-65-87249-20-9

244 p. : 14 x 20 cm

1. Antissemitismo 2. Antissemitismo - História
3. Ciências sociais 4. Judaísmo - Costumes e práticas
5. Religião - Aspectos sociais
I. Pszczol, Eliane. II. Vaitsman, Heliete.

20-48240   CDD-305.8924

Índices para catálogo sistemático:
1. Antissemitismo : História : Sociologia 305.8924
Aline Graziele Benitez - Bibliotecária - CRB-1/3129

Este livro foi composto em Giorgio Sans (títulos) e Margem (textos) e impresso em papel Pólen Bold 70g, para a Numa Editora, em 2020.

ANTISSEMITISMO,